メタファー としての 譬え

福音書中の譬え・譬え話の聖書学的考察

μετα-
φορά

原口尚彰

Haraguchi Takaaki

LITHON

［目　　次］

はじめに ——7

1. 解釈史の検討：予備的考察 ——10
　1.1 批評的研究の始まり
　1.2 伝承史的研究
　1.3 文学的研究
　1.4 神学的研究
　1.5 釈義的研究

2. イエスの譬え・譬え話の文学的分析 ——30
　2.1 定義
　2.2 語学的・機能論的考察

3. 譬えの釈義的・文学的考察 ——37
　3.1 詩文中の譬え
　3.2 洗礼者とイエスの譬え
　　3.2.1 洗礼者が用いる譬え
　　3.2.2 イエスが用いる譬え

4. イエスの譬え話の釈義的・文学的考察 ——71
　4.1 ガリラヤで語られた譬え話
　4.2 エルサレムへの旅の途上で語られた譬え話
　4.3 エルサレムで語られた譬え話

5. イエスの譬え話の修辞学的研究 —— 129
5.1 修辞的状況
5.2 修辞的種別
5.3 配列構成
5.3.1 序論
5.3.2 叙述
5.3.3 論証
5.3.4 結語

6. 聴衆の反応 —— 143

7. 結論と展望 —— 147

付論：トマス福音書における譬え・譬え話

1. 古代文書としてのトマス福音書 —— 153

2. トマス福音書中の譬え・譬え話 —— 155
2.1 トマス福音書における譬えの特色
2.2 トマス福音書における譬え話の特色

3. まとめと展望 —— 175

参考文献 —— 177

はじめに

　イエスは民衆に対して教えを語る際に、譬えや譬え話を創作して語ることを常としていたので、共観福音書には多くの譬えや（マタ 6:19–21, 22–23; 7:3–5, 13–14; マコ 1:17; 2:17; 2:19; 2:21; 2:22; 7:27; 8:15; 8:34; ルカ 6:43–45; 7:31–32 他）、譬え話が収録されているし（マタ 4:3–9; 4:26–29; 13:47–50; マコ 4:3–8; 4:26–29; ルカ 10:30–37; 12:16–21; 16:19–31; 18:10–14 他）、ヨハネ福音書にも 4 つの譬え話が記されている（10:1–5; 10:7–10; 10:11–18; 15:1–10 を参照）。イエスの譬え話には早くから聖書学者たちの関心が向けられ、歴史的・批評的、文学的、釈義的、神学的研究が積み重ねられてきたが、その豊かな意味は汲み尽くされることなく、現在に到るまで世界中の研究者によって研究がなされている。筆者もイエスの譬え・譬え話の魅力に憑かれた者の一人であり、微力ながら研究を続け、論文の形でその成果を発表して来たが、研究の輪郭がある程度できてきたので、福音書に出てくる譬えと譬え話についての論考をモノグラフの形で発表するに到った次第である[1]。なお、ヨハネ福音書に出てくる譬え話は、共観福音書に出てくる譬え話とは異質であるので、イエス

1　原口尚彰「メタファーとしての譬え：ヨハネによる福音書における譬え（Bild）と譬え話（Gleichnis）についての釈義的・神学的考察」『聖書と神学』第 33 号、2022 年、17–35 頁；「神の国のメタファー：マルコによる福音書における譬えの文学的・神学的機能」『ルーテル学院研究紀要』第 56 号、2023 年、1–14 頁；「真理を伝える言葉：マタイによる福音書における譬えの文学的・神学的機能」『フェリス女学院大学キリスト教研究所紀要』第 7 号、2023 年、89–103 頁；「神の愛を伝える言葉：ルカによる福音書における譬えの修辞的・神学的機能」『ルーテル学院研究紀要』第 57 号、2024 年、1–21 頁。

の譬え話研究の対象から外されるのが通例であるが、本書は敢えて考察の対象に含めている。ヨハネ福音書中の譬え話は、共観福音書が伝える譬え話とはかなり性格が異なっているが、譬え話の性格を失っておらず、共観福音書が伝える譬え話に加えて考察の対象にすべきであると考えている。

　他方、外典福音書のトマス福音書にも多くの譬え・譬え話が含まれている。トマス福音書は正典福音書とは資料的にも思想的にも大きく隔たっており、正典文書とは異なる特別な文献学的な検討を必要としているので、トマス福音書中の譬え・譬え話についての考察は、巻末に付論として掲載している。

　本書は福音書中の譬え話のみならず、譬えについても考察を加える。短い成句の形で語られた譬えの文学的・神学的機能に対しては系統だった研究がなされてこなかったが、福音書における譬えの全体像を得るためには、短い成句としての譬えも考察の対象に加える必要がある。成句としての譬えはメタファーとしての性格が強く、詩文の一環として文学的分析と親近性が強い。それに対して譬え話は、短いながらも物語の構造を備えており、語り方の手法やその修辞的効果が問題になるので、修辞学的分析と親近性が強い。

　イエスが譬え話で語ることは、宣教活動の一環としてなされており、聴衆を言葉によって説得する言論活動を営むことを意味する。イエスの説教に対しては包括的に修辞学的研究の対象となったことがあるが[2]、譬え話に特化した本格的な修辞学的研究はまだ端緒に就いたばかりであり、イエスが譬え話を用いて聴衆に語り掛け、真理を認識させ、生き方の転換を生むコミュニケーションの過程を修辞学的視点より解明する学的努力が十分

2　　George Kennedy, *New Testament through Rhetorical Criticism* (Chapel Hill and London: The University of North Carolina Press, 1984), 39–72; 山田耕太『Q 文書　訳文とテキスト・注解・修辞学的研究』教文館、2018 年を参照。

になされているとは言えない[3]。

3　例外が、共観福音書中の譬え話を説得の手段という視点から分析する E. Rau, *Reden in Vollmacht: Hintergrund, Form und Anliegen der Gleichnisse Jesu* (Göttingen: Vandenhoeck & Ruprecht, 1990), 35–107 (esp. 35–44); B. Witherington III, *New Testament Rhetoric: An Introductory Guide to the Art of Persuasion in and of the New Testament* (Oregon: Cascade, 2009), 23–43; L. Thurén, *Parables Unplugged: Reading the Lukan Parables in their Rhetorical Context* (Minneapolis: Fortress, 2014); E. Baasland, *Parables and Rhetoric in the Sermon on the Mount: New Approaches to a Classical Text* (WUNT 351; Tübingen: Mohr-Siebeck, 2015) である。なお、山日『Q 文書』176–301 頁には、Q に含まれる譬え話それぞれの修辞的配列構成や種別についての簡単なコメントが掲載されている。

1. 解釈史の検討：予備的考察

1.1 批評的研究の始まり

イエスの譬え話についての本格的な批評的研究は、アドルフ・ユーリヒャーの『イエスの譬え話』に始まる[4]。この浩瀚な書物は、第一部で譬え話の本質をどのように理解するかについての理論的考察を行い、第二部で個々の譬え話の文献学的検討を行っている。第一部においてユーリヒャーは、譬えはあることを異なった事柄になぞらえる文学形式であり、未知のことを既知のものに対比する文学形式であるとする[5]。ただし、ルカ福音書に出てくる一部の譬え話は（ルカ 10:29–37; 12:16–21; 16:19–31; 18:9–14）、比較の要素を持たず、一定の理念を表現する例話（Beispielerzählung）であるとする[6]。

彼は譬えの本質を比較に見て、書かれたものの背後に隠れている意味を見出すアレゴリーとは厳格な区別を行った[7]。ユーリヒャーは、アレゴリーにおいては話に出てくる一つ一つの要素のそれぞれが象徴的な意味を帯びているのに対して、譬えの比較点は単一であり、その意味は一つであるとしている[8]。メタファーはアレゴリーの前段階であり、比較を本質とする譬えとは異なると考えられるので、彼は譬えの解釈からは極力排除し

---

4 Adolf Jülicher, *Die Gleichnisreden Jesu* (zwei Teile; Tübingen: Mohr-Siebeck, 1910).

5 Jülicher, *Die Gleichnisreden Jesu*, 1:70, 73.

6 Jülicher, *Die Gleichnisreden Jesu*, 1:114; 2:585–586.

7 Jülicher, *Die Gleichnisreden Jesu*, 1:56–58, 117–118.

8 Jülicher, *Die Gleichnisreden Jesu*, 1:62, 70, 105, 317.

ている[9]。譬え話の語り手について言えば、福音書に証言されているように
にそれはイエス自身である。譬え話はイエスが民衆を教える際に用いた固
有の語り方として、史的イエスに遡る[10]。

C・H・ドッドの『御国の譬え話』は、英語圏において刊行された最
初の本格的な批評的譬え話研究である。彼はユーリヒャーの基本的な立
場を継承し、譬え話の本質は比較であり、アレゴリーではないとした[11]。
内容的に言えば、イエスの譬え話の主題は神の国の譬えであるが、この
神の国は遠い未来に待ち望むものではない。「神の国は近づいた」（マコ
1:14–15）のであり、イエスの宣教の内に現在することをドッドは強調し
た[12]。

1.2 伝承史的研究

ルドルフ・ブルトマンは、様式史研究の方法論を確立した記念碑的著作
である『共観福音書伝承史』の中で、共観福音書に出てくるイエスの譬え
の句や譬え話についてのまとまった様式史的考察を行っている[13]。ブルト
マンは文学史的背景からすると、イエスの譬えはユダヤ的文学伝統に根ざ
すと考える[14]。彼はユーリヒャーと同様に、譬えの本質を比較に見るが、
譬えには（例えば、マタ 3:12; 5:13, 14, 16; 7:13–14, 16, 20; ルカ 1:15;
6:45）メタファーの要素を持つものがあることを認める[15]。それはメタ

---

9   Jülicher, *Die Gleichnisreden Jesu*, 1:51–52.

10   Jülicher, *Die Gleichnisreden Jesu*, 1:11, 16–24, 150.

11   C. H. Dodd, *The Parables of the Kingdom* (New York: Charles Scribner's
     Sons, 1936), 18–19, 24–26.

12   Dodd, *The Parables of the Kingdom*, 34–55, 90, 113.

13   R. Bultmann, *Die Geschichte der synoptischen Tradition* (10. Auflage;
     Göttingen: Vandenhoeck & Ruprecht, 1995), 179–222.

14   Bultmann, *Die Geschichte der synoptischen Tradition*, 179, 219–220.

15   Bultmann, *Die Geschichte der synoptischen Tradition*, 181–183.

ファーが簡略化された比較表現であるからである[16]。

ブルトマンは譬えで語ること（Gleichnisrede）は比較（Vergleich）や譬えの句（Bildwort）から発展したものであると考えている。他方、ストーリー性がある譬えは譬え話（Parabel）であり（例えば、マタ 4:3–9; 4:26–29; 13:47–50; ルカ 11:3–8; 13:6–9; 14:6–24; 15:11–32; 18:1–8)、単なる譬え（Gleichnis）とは区別される[17]。共観福音書が伝えるイエスの譬え話の多くは、伝承や編集の過程で文言や内容がかなり変化しているにしても、譬え話の最古層は史的イエスに起源する[18]。ただし、譬え話の末尾に付された教訓は（例えば、ルカ 14:33; 15:7; 16:8）本来的ではなく、教会によって後から付け加えられたものである[19]。譬え話の伝承の拡張部分にはしばしば、初代教会によるアレゴリカルな解釈の要素が見られる（例えば、マタ 24:51; ルカ 12:46; 14:21, 24)[20]。なお、譬え話が置かれている現在の福音書の文脈は伝承に対して二次的であるので、考察の対象にしない[21]。ルカ福音書に見られる例話（Beispielerzählung）のカテゴリーを（ルカ 10:30–37; 12:16–21; 16:19–31; 18:10–14)、ブルトマンもユーリヒャー同様に認めている[22]。

ヨアヒム・エレミアスは伝承史的方法を譬え話研究に適用して、『イエスの譬え話』というモノグラフを刊行した[23]。エレミアスもユーリヒャー

16　Bultmann, *Die Geschichte der synoptischen Tradition*, 183.

17　Bultmann, *Die Geschichte der synoptischen Tradition*, 188–189.

18　Jülicher, *Gleichnisreden*, 1:11, 16–24, 150; Bultmann, *Die Geschichte der synoptischen Tradition*, 222.

19　Bultmann, *Die Geschichte der synoptischen Tradition*, 190.

20　Bultmann, *Die Geschichte der synoptischen Tradition*, 187, 189.

21　Bultmann, *Die Geschichte der synoptischen Tradition*, 182.

22　Jülicher, *Gleichnisreden*, 1:114; 2:585–586; Bultmann, *Die Geschichte der synoptischen Tradition*, 192–193 を参照。

23　J. Jeremias, *Die Gleichnisse Jesu* (3. durchgesehne Auflage; Göttingen:

同様に譬えとアレゴリーを峻別し、イエスの譬え話はアレゴリーではないとした[24]。エレミアスも譬え話は史的イエス自身に由来すると考えるが、現存の譬え話は初代教会の解釈を通して伝えられているので、文献学的な作業を通して史的イエス自身に遡ることが大切になる[25]。それはイエスが譬え話を語った本来の意味を回復するために、福音書記者や初代教会が与えた譬え話の解釈を取り除いて、より古い伝承の段階に遡及していく伝承史的作業を行うことを意味する[26]。エレミアスは史的イエスの譬え話の内容の中心主題を神の支配の到来に見る。それは恐ろしい裁きの時ではなく、喜ばしい救いの時である（マタ 11:6 ＝ルカ 7:23; マコ 2:21–22 並行）[27]。救いの時の到来を、人々は神への信頼と喜びを持って迎えることが求められている（マコ 4:3–8 並行; 4:26–29 並行他）[28]。

　荒井献は共観福音書伝承につての包括的研究『イエス・キリスト』において、イエスの譬えについてまとまった考察を与えている[29]。荒井はブルトマンの様式史研究の枠組みを継承して、譬えを「主の言葉」伝承の一つと位置付けており、「比喩的発言」「隠喩」「直喩」「譬」「譬話」「例話」「寓喩」の順番で様式史的分析を行っている。荒井はさらに文学社会学的視点を交えて、「三人格」の譬え話の内容を「劣者尊重」と「劣者受

Vandenhoeck & Ruprecht, 1954).

24　Jülicher, *Die Gleichnisreden Jesu*, 1:70, 105, 317; Jeremias, *Die Gleichnisse Jesu*, 12, 50–59.

25　Jeremias, *Die Gleichnisse Jesu*, 14–15, 16–17; さらに、Bultmann, *Die Geschichte der synoptischen Tradition*, 7 も参照.

26　Jeremias, *Die Gleichnisse Jesu*, 20–21.

27　Jeremias, *Die Gleichnisse Jesu*, 96–102.

28　Jeremias, *Die Gleichnisse Jesu*, 94–95.

29　荒井献『イエス・キリスト（下）』講談社学術文庫 1468、2001 年、102–175 頁。

容」と「劣者評価」と「優者肯認」に分類する[30]。「劣者尊重」とは社会
的に弱い地位にある者がそのままで尊重され、逆に社会的に強い立場に
ある者が批判される内容のことであり、社会の最下層の人々が伝承の担い
手であったとされる[31]。「劣者受容の譬え」は「劣者尊重」の精神を受け
継いでいるが自身は小市民層に属しており、社会的弱者ではないと推定さ
れるQ教団の人々が担い手である[32]。「劣者評価」とは、価値理念として
は「劣者尊重」を目指すのであるが、福音書記者ルカのように自分自身は
むしろ富裕な社会的優者の層に属するヘレニズム教団の人々がその担い手
である[33]。ここでは担い手の価値理念と自分自身が属する社会層にねじれ
が見られる。「優者肯認」は、社会的優劣を所与のこととせず、専ら与え
られた可能性を生かすかどうかの基準によって判断する[34]。ここでは、可
能性を生かす者は評価され、生かせない者は批判され、終末の到来が遅延
している中間時に生きる者の倫理が語られている。これらの伝承の担い手
は、Q教団やマタイ共同体の多数をなした小市民層であるとされる[35]。

　ルイーゼ・ショットロフは、2015年に『イエスの譬え話』を刊行し
た[36]。この著作は、社会史的視点よりイエスの譬え話全体を解釈する試み
である。この著作は三部に分かれており、第一部はイエスの代表的譬え話
の一部を採り上げて（マタ 22:2–14; 25:1–13; マコ 4:1–20; 12:1–12; ル
カ 13:1–9; 14:14:12–24; 18:9–14）、譬えの教会論的解釈と終末論的解釈

30　同、164–170頁。

31　同、171頁。

32　同、171頁。

33　同、171–172頁。

34　同、170頁。

35　同、172頁。

36　L. Schottroff, *Die Gleichnisse Jesu* (Gütersloh: Gütersloher Verlagshaus, 2015).

の例を提示している[37]。第二部は譬え話を理解するための理論的枠組みについての議論を行い、従来の歴史的・批評的解釈や文学的解釈に社会史的視点を追加して、社会的・歴史的文脈の中で譬え話を解釈する方法論を提示する[38]。第三部はこの理論的枠組みを具体的譬え話解釈に応用した成果を示している[39]。

　クルト・エルレマンは、譬え話についての包括的な研究『譬え話：理論・解釈・教育』において、これまでの研究史全体を回顧し、研究成果を総括する試みをしている[40]。彼は譬え話についての本格的な研究の出発点がユーリヒャーの研究にあることを認めるが、その後の研究の積み重ねの中で、理論モデルの訂正が必要となったと考えている[41]。例えば、ユーリヒャーは譬え話とアレゴリーとを峻別し、前者を本来的な語り方であり、後者を非本来的な語り方とし、イエスの譬え話はアレゴリーではないとしたが、譬え話であってもアレゴリーの要素を含む中間的なケースもあると指摘する[42]。ユーリヒャーはまたメタファーをアレゴリーの前段階として

37　　Schottroff, *Die Gleichnisse Jesu*, 17–106.

38　　Schottroff, *Die Gleichnisse Jesu*, 107–146.

39　　Schottroff, *Die Gleichnisse Jesu*, 147–294.

40　　K. Erlemann, *Gleichnisse. Theorie - Auslegung - Didaktik* (Tübingen: Narr Francke Attempto, 2020).

41　　Erlemann, *Gleichnisse*, 58–94.

42　　Erlemann, *Gleichnisse*, 64–65, 87–88, 98–99; idem., *Fenster zum Himmel: Gleichnisse im Neuen Testament* (Neukirchen-Vluyn: Neukirchener Verlag, 2017), 38–39; なお、最近の研究の中には、H.-J. Klauck, *Allegorie und Allegorese in synoptischen Gleichnistexten* (NTA13; Münster: Aschendorff, 1978), 32–130; C.L. Blomberg, *Interpreting the Parables* (2nd ed.; Downers Grove: IVP Academic, 2011), 33–81; R. B. Eggen, *Gleichnis, Allegorie, Metapher: Zur Theorie und Praxis der Gleichnisauslegung* (Tübingen: Franke, 2007), 85–88 のように、譬えの本質をアレゴリーに見る例も見られる。

否定的に評価したが、エルレマンは譬え話には見えざる神の支配を指し示すメタフォリカルな機能があることを明らかにしている[43]。ユーリヒャーは譬え話の修辞的機能を専ら強調したが、エルレマンは譬えの詩的言語としての機能は論証手段としての働きと矛盾するものではないとしている（クインティリアヌス『弁論家の教育』3.8.19; 5.11.17–20）[44]。

1.3 文学的研究

伝承史的方法によるイエスの譬え話研究が、史的イエスの宣教を回復する歴史学的発想に導かれていたのに対して、譬えという文学形式を純粋に文学的視点から考察する試みも存在している。例えば、ダン・ヴァイアは譬え話を歴史的現実からは独立した文学的仮構であり、文学的鑑賞の対象になるとする一方で、その内容はギリシア悲劇同様に人間存在の在り方を明らかにするものであることを強調した[45]。ギリシア悲劇は無知の故に運命を免れることができずに、結局は定められた破局に到る主人公の姿を通して、人間存在の悲劇的な本質を描く[46]。これに対して、イエスの譬え話は自分の罪深さを知って、悔い改めることを通して救いに到る可能性を持つ人間実存の姿を描いているということになる[47]。

他方、ロバート・ファンクは、文学理論からすると譬えは想像力を喚起する詩的メタファーであると規定した上で、イエスが語る譬え話が生活の中で体験する卑近な地上的出来事を誇張や逆説の手法を交えながら、根本的に新しい現実（＝神の国）の到来を想起させるメタファーを提示してい

---

43 Erlemann, *Gleichnisse*, 68–70; idem., *Fenster zum Himmel*, 36–38.

44 Erlemann, *Gleichnisse*, 100–102; idem., *Fenster zum Himmel*, 23, 27.

45 D. O. Via, *The Parables: their Literary and Existential Dimension* (Philadelphia: Fortress, 1967), 79–107.

46 Via, *Parables*, 96, 102.

47 Via, *Parables*, 98, 103.

ることを指摘した[48]。ファンクによると、聴衆は譬え話が語り掛ける意味を新たに考えることによって物語の参与者になる[49]。また、新約学者であり、文芸批評家でもあるエイモス・ワイルダーは譬え話を拡張されたメタファーとして理解し、それが単なる記号以上のものであり、神の国のリアリティを伝達する手段となっており、聴衆はそれに参与するとした[50]。

　哲学者のポール・リクールも同様に譬え話がメタファーであるという基本認識を持つが、新しい意味を創り出すメタファーの意味論的効果に着目する[51]。彼は隠喩性や誇張性や逆説性の要素を強調して、イエスの譬え話が日常的言語には置換不能な詩的言語であるメタファーによって語られて

48　R. Funk, *Language, Hermeneutic, and Word of God* (New York: Harper & Row, 1966), 133–162; idem., *Funk on Parables: Collected Essays* (Santa Rosa, CA: Polebridge, 2006), 29–52.

49　Funk, *Language, Hermeneutic, and Word of God*, 133–134; idem., *Funk on Parables*, 29–30.

50　A. Wilder, *The Language of the Gospel: Early Christian Rhetoric* (New York: Harper & Row, 1964), 92.

51　P. Ricoeur, "Stellung und Funktion der Metapher in der biblischen Sprache," in Paul Ricoeur/Eberhard Jüngel, *Metapher. Hermeneutik religiöser Sprache* (München: Kaiser, 1974), 45–70; idem., *Interpretation Theory: Discourse and the Surplus of Meaning* (Fort Worth: The Texas Christian University Press, 1976), 45–69; idem., "Biblische Hermeneutik," in Wolfgang Harnisch ed., *Die neutestamentliche Gleichnisforschung im Horizont von Hermeneutik und Literaturwissenschaft* (Darmstadt: Wissenschaftliche Buchgesellschaft, 1982), 248–339; H.-J. Meurer, *Die Gleichnisse Jesu als Metaphern. Paul Ricoeurs Hermeneutik der Gleichniserzählung Jesu im Horizont des Symbols "Gottesherschaft/Reich Gottes"* (BBB111; Bonn: PHILO, 1997), 222–244; P・リクール「聖書的言語における隠喩の役割と機能」P・リクール／E・ユンゲル（麻生建・三浦國泰訳）『隠喩論　宗教的言語の解釈学』ヨルダン社、1987年、82–130頁を参照。

いることを指摘した[52]。ジョン・ドミニク・クロッサンは譬えが詩的メタファーであるというファンクやリクールの理解を受け入れた上で、イエスの譬え話に見られる逆説や逆転の要素を強調している[53]。

　譬え話がメタファーの一種であるという基本認識は、ハンス・ヴェーダー、ヴォルフガング・ハルニッシュ、ゲルハルト・ゼリンやルーベン・ツィマーマンらドイツ語圏の譬え話研究者にも継承されているし、日本における最近の譬え話研究にも受け入れられている[54]。特に、ハルニッシュ

52　Ricoeur, "Stellung und Funktion," 45–46, 69–70; idem., "Biblische Herme-neutik," 285–287; Meurer, *Die Gleichnisse Jesu*, 239–244; P・リクール（久米博・清水誠・九重忠夫編訳）『解釈の革新』白水社、1978 年、92–93, 97–99, 109–110, 120–121 頁; 同（牧内勝訳）『解釈の理論』ヨルダン社、1993 年、90–95 頁; 同「聖書的言語における隠喩の役割と機能」『解釈の理論』123–127 頁を参照。

53　J. D. Crossan, *In Parables: the Challenge of the Historical Jesus* (New York: Harper & Row, 1973), 53–78; idem., *Cliffs of Fall: Paradox and Polyvalence in the Parables of Jesus* (Eugine, OR: Wipf and Stock, 2008), 14–24.

54　H. Weder, *Die Gleichnisse Jesu als Metaphern*, FRLANT 120 (Göttingen: Vandenhoeck & Ruprecht, 1978), 259–316; G. Sellin, "Allegorie und 'Gleichnis'," in W. Harnisch ed., *Die neutestamentliche Gleichnisforschung im Horizont von Hermeneutik und Literaturwissenschaft* (Darmstadt: Wissen-schaftliche Buchgesellschaft, 1982), 374–375, 408–409; W. Harnisch, *Die Gleichniserzählungen Jesu* (3. Auflage; Göttingen: Vandenhoeck & Ruprecht, 1995), 151–153; Zimmermann, *Parabeln in der Bibel*, 131–133, 177–178; 川島重成『イエスの七つの譬え―開かれた地平―』三陸書房、2000 年、81–82 頁; 廣石望『信仰と経験　イエスと〈神の王国〉の福音』新教出版社、2011 年、312–314 頁; 原口尚彰「メタファーとしての譬え：ヨハネによる福音書における譬え（Bild）と譬え話（Gleichnis）についての釈義的・神学的考察」『聖書と神学』第 33 号、2022 年、17–35 頁; 同「神の国のメタファー：マルコによる福音書における譬えの文学的・神学的機能」『ルーテル学院研

やゼリンやツィマーマンは、譬えで語ることが既存の認識を確認することを越えて、新しい認識をもたらすことを強調する[55]。譬えは他のことでは代替できず、譬えでしか語ることができない事柄を指し示すことになる。

エクハルト・ラウは 1990 年に、イエスの譬え話についてのモノグラフ『権威を持つ講話：イエスの譬え話の背景と構造と関心事』を発表した[56]。この著作は、イエスの神の国の譬え話（マタ 7:9–11; マコ 4:26–29; ルカ 13:18–19, 20–21; 15:11–32）の背景と形態と内容についての研究である。方法論的に言うと、本書は伝承史的・編集史的方法を用いた譬え話解釈の試みであるが、修辞学の視点から、譬え話を語る行為を言葉によって聴き手を説得する手段として分析する側面も持っている[57]。例えば、イエスの譬え話の多くは非常に簡潔に語られているが、そのことは、弁論において叙述（διήγησις, narratio）は簡潔かつ明晰（brevitas et luciditas）でなければならないという修辞学上の原則（クウィンティリアヌス『弁論家の教育』4.2.31–33, 36, 63–65）に合致していると指摘している[58]。簡潔とは具体的には、問題になっていることに集中し、余計なことを言わないことを意味する（4.2.20）。簡潔かつ明晰であることは、譬え話の中心的なメッセージを聴衆に明確に理解させる効果を生むのである[59]。

著者はさらに修辞学においては、叙述されることが、自然であり、尤もらしく聞こえることが、叙述の信憑性を高め、説得力を得るために必

究紀要』第 56 号、2023 年、1–14 頁。

55　Harnisch, *Gleichniserzählungen*, 130–131, 138–139, 307–308; Sellin, "Allegorie und 'Gleichnis'," 300, 374–375, 408–409; Zimmermann, *Parabeln in der Bibel*, 80–82.

56　E. Rau, *Reden in Vollmacht: Hintergrund, Form und Anliegen der Gleichnisse Jesu* (Göttingen: Vandenhoeck & Ruprecht, 1990).

57　Ibid., 398–399.

58　Ibid., 82–87.

59　Ibid., 82.

要であるとされていたが（クウィンティリアヌス『弁論家の教育』4.2. 52–53）、イエスの譬え話はこの原則にも合致していると指摘している[60]。本書はイエスの譬え話の研究に、文学類型の議論だけでなく、言葉による説得の手段という視点から修辞学的洞察を援用した先駆的研究であると言えるであろう。

　チャールズ・ヘドリックは、『詩的虚構としての譬え話』と題する研究を発表した[61]。この著作の中で、ヘドリックはイエスの譬え話を創造的な「詩的虚構」と理解し、共観福音書の文脈におけるその文学的機能について考察した。このアプローチはイエスの言葉伝承が形成される歴史に着目した伝承史的方法とは対照的に、現存の福音書に書かれている物語を一つの独立の文学空間と考えて、その中で語られる譬え話の文学的効果に着目する純粋に文学的方法論を採用しているが、採り上げている譬え話の数が6例しないので、包括的な結論を得るというよりも、方法論の有効性を示すサンプルを提供するに留まっている。

　ベン・ウィザリントンは、2009年に公刊された新約聖書の修辞学的分析についての包括的な入門書『新約聖書のレトリック：新約聖書の説得の技術への初歩的ガイド』の中で、イエスの譬え話に修辞学批評を適用する問題について論じている[62]。本書第3章は「説得のための福音書：マルコとルカ」と題されており、マルコ福音書とルカ福音書を説得の手段としての修辞法という視点から分析し、特に両福音書に出てくる譬え話の修辞的

60　Ibid., 87–107.

61　C. W. Hedrick, *Parables as Poetic Fictions: The Creative Voice of Jesus* (Peabody, MA: Hendrickson,1994).

62　B. Witherington III, *New Testament Rhetoric: An Introductory Guide to the Art of Persuasion in and of the New Testament* (Oregon: Cascade, 2009), 23–43.

効果について論じている[63]。

　ウィザリントンはヘレニズム期以降、地中海世界全体にヘレニズム文化が広まり、福音書記者たちもヘレニズム世界の修辞法を前提にして物語を書いたと考えている[64]。著者によると福音書記者マルコはプロギュムスマタと呼ばれる初等教育レベルの修辞法は身に着けており、主人公の短い挿話や言葉を記すクレイアを連ねる手法をイエスの伝記である福音書を書くにあたって用いた[65]。マルコはイエスの譬え話を記しているが、譬え話を語ることは修辞学上の例証（παράδειγμα）を提示することによって聴衆への説得することを意味する（アリストテレス『弁論術』1393a–b; クインティリアヌス『弁論家の教育』8.3.74–75）[66]。

　福音書記者ルカはギリシア・ローマ世界の歴史記述の作法に従ってルカ文書（ルカ福音書・使徒言行録）を書いているが、当時の歴史記述は、単なる歴史的事実の報告ではなく、同時に、読者に説得して教訓を与える手段でもある[67]。著者の理解によるとルカは修辞法を心得た読者層を意識していたので、譬え話を使用するにあたっても、古典修辞学の譬えの理解を前提にしていた。譬え（παραβολή）で語ることは、修辞学においては対比によって例証を提示する帰納的議論である。日常生活や共通の体験を引き合いに出して比較することが、譬えの本質であり、例証に用いる比較は明確でなければならない（クインティリアヌス『弁論家の教育』5.11.22–24 を参照）[68]。譬えはメタファーのような曖昧さを持った言語表現とは区別されなければならないと主張して、著者は譬えのメタフォリカ

63　Ibid., 31–33, 39–42.

64　Ibid., 23.

65　Ibid., 24–31.

66　Ibid., 31.

67　Ibid., 33–37.

68　Ibid., 41.

ルな性格を強調する最近の譬え話研究の傾向に警告を発している[69]。ただし、修辞的機能の点からすると譬え（直喩）とメタファー（隠喩）の間の違いは大きくないとされていることについて（アリストテレス『弁論術』1406b; クインティリアヌス『弁論家の教育』8.6.8–9）、著者は全く考慮していない。

　エルンスト・バースランドは 2015 年に、山上の説教に出てくる譬え話に対するモノグラフ『山上の説教に出てくる譬え話とレトリック：古典的文書に対する新しいアプローチ』を発表した[70]。この研究はマタイ福音書の山上の説教に出てくる譬え話に対する総括的修辞学研究を標榜しているが、実際は山上の説教全体の釈義的・修辞学的分析が中心であり、その中に譬え話の分析がところどころで織り交ぜられているに過ぎない。著者は第 1 章において、アドルフ・ユーリヒャーに遡る譬え話の批判的研究の成果を簡単に振り返っている。ユーリヒャーは譬えの本質を比較に見て、アレゴリーやメタファーを譬えの概念から排除したが、その後の研究ではメタファーの要素が重視され、譬えの比較点は一つでなく、複数の意味を持つことが認められるようになったことを著者は確認している[71]。

　著者は倫理的勧告の性格が強い山上の説教を、修辞学上の「助言弁論（deliberative speech）」の類型にあたるとしている[72]。著者によれば、山上の説教の配列構成（dispositio）は以下のようになる[73]。

　　序論（exordium）5:3–11　幸い章句

69　Ibid., 41–42.

70　E. Baasland, *Parables and Rhetoric in the Sermon on the Mount: New Approaches to a Classical Text* (WUNT 351; Tübingen: Mohr-Siebeck, 2015).

71　Ibid., 8–19.

72　Ibid., 32, 598–599.

73　Ibid., 32–35, 599–600.

提題（propositio）5:12–16, 17–20　キーワード

論証（probatio）5:21–7:12

　　議論（argumentatio）I: 5:21–48　関係についての反対命題

　　議論（argumentatio）II: 6:1–18　敬虔についての反対命題

　　議論（argumentatio）III: 6:19–34　優先順位についての譬え話

　　議論（argumentatio）IV: 7:1–12　相互性についての譬え話

結語（peroratio）7:13–27　結び

　この配列構成（dispositio）によれば、「地の塩の譬え」（マタ 5:13）や「世の光の譬え」（5:14–16）が山上の説教の主題を提示する提題の一部をなすことになる。しかし、続く論証部分（5:21–7:12）にこれらの譬えの内容の妥当性を証明する議論は全く出てこないので、著者の議論には無理がある。

　著者は山上の説教の末尾に、「狭い門から入る譬え」（7:13–14）と、「木の実の結実の譬え」（7:15–20）と、「父の御心を行う者の譬え」（7:21–23）と、「岩の上に家を建てる譬え話」（7:24–27）の 4 つが置かれていることに注目する。これらの語録が聞いた言葉を行う者になるのか、聞いた言葉を行うことない者に留まるのかという選択を提示し、聴衆に救いに到るのか、滅びに到るのかの選択を迫っていることは、弁論の結語（peroratio）に相応しい語り方とされている[74]。

　ルーベン・ツィマーマンの近著『聖書における譬え話　イエスの譬え話の意味世界を発見する』は、理論的考察を与える前半部と資料毎に個々の譬え話の解釈例を与える後半部より構成されている[75]。前半部は譬え話についての多岐にわたる研究史を、譬え話が持つ意味のレベルに従って歴史

74　Baasland, *Parables and Rhetoric*, 492–493, 583.

75　R. Zimmermann, *Parabeln in der Bibel. Die Sinnwelten der Gleichnisse Jesu entdecken* (Gütersloh: Gütersloher Verlaghaus, 2023).

的接近法、文学的接近法、受容史的・神学的・釈義的接近法に分けて整理している[76]。後半部は著者自身の方法論を提示した後に、文書資料毎に（Q資料、マルコ福音書、マタイ福音書、ルカ福音書、ヨハネ福音書、トマス福音書）イエスの代表的譬え話を選び出して、それぞれに釈義的分析を与え、イエスの譬え話が初代教会の様々な潮流の中でどのように受容され、継承・発展して行ったかを展望している[77]。この著作において著者は、譬え話がメタフォリカルな性格を持つ、多義的な文学表現であり、読者によって常に新たに意味を発見されることを予定していることを繰り返し述べ、多様な解釈が可能であることを強調している[78]。

1.4 神学的研究

ブルトマンの弟子の一人であるエルンスト・フックスは、譬え話の様式史的研究の成果を前提にした上で実存論的解釈を試みている[79]。フックスによると、イエスが語る宣教の言葉は聞く者の置かれた実存的状況を決

---

76 Zimmermann, *Parabeln in der Bibel*, 1–166.

77 Zimmermann, *Parabeln in der Bibel*, 167–392.

78 Zimmermann, *Parabeln in der Bibel*, 157–162, 190–196; idem., "Many-fold Yields by Polyvalent Interpretation: the Parable of the Seed in Synoptic Tradition," in Goud, T. E./J. R. C. Cousland/J. Harrison eds., *Encountering the Parables in Contexts Old and New* (LNTS671; London: T & T Clark, 2023), 9–11.

79 E. Fuchs, "Bemerkungen zur Gleichnisauslegung," in W. Harnisch ed., *Gleichnisse Jesu. Positionen der Auslegung von Adolf Jülicher bis zur Form-geschichte* (Darmstadt: Wissenschaftliche Buchgesellschaft, 1982), 256–261; idem., "Die Analogie," in Wolfgang Harnisch ed., *Neutestamentliche Gleichnisforschung im Horizont von Hermeneutik und Literaturwissenschaft* (Darmstadt: Wissenschaftliche Buchgesellschaft, 1982), 1–19.

定的に変える言葉の出来事（Sprachgeschehen）である[80]。イエスが語った譬え話は、自身における神の国の到来を語る自己証言の性格を持っている[81]。例えば、「葡萄園の労働者の譬え話」（マタ 20:1–16）は、神が自身の恵み深さをイエスにおいて認識するように求めていることを示す[82]。そのことを知る者は、信仰においてイエスを通して神との新たな関係に立ち、新たな自己理解に導かれることになる[83]。なお、フックスの弟子の一人であるエータ・リンネマンは、イエスの宣教が、聞く者の自己理解を変える言葉の出来事であるというフックスの理解を継承した上で、イエスの代表的な譬え話の釈義的分析を提示している[84]。

エバーハルト・ユンゲルは博士論文の『パウロとイエス』の中で、イエスの神の国の宣教の特色についての考察の一環として、イエスの譬え話の聖書学的・神学的分析を行っている[85]。ユンゲルはまた、一連の論文を通して譬え話についての理論的考察を深めている[86]。方法論からすると、ユ

80　E. Fuchs, *Zum hermeneutischen Problem in der Theologie* (Tübingen: Mohr-Siebeck, 1965), 281–291.

81　Fuchs, "Bemerkungen," 256–257; idem., "Die Analogie," 12, 17; idem., *Hermeneutik* (Bad Cannstadt: Müllerschön, 1963), 223.

82　Fuchs, "Bemerkungen," 259.

83　Fuchs, "Bemerkungen," 259–260; idem., "Die Analogie," 17–18.

84　E. Linnemann, *Gleichnisse Jesu: Einführung und Auslegung* (Göttingen: Vandenhoeck & Ruprecht, 1961), 38–41, 57–187.

85　E. Jüngel, *Paulus und Jesus* (4. Aufl.; Tübingen: Mohr-Siebeck, 1972), 71–214.

86　E. Jüngel, "Metaphorische Wahrheit. Erwägungen zur theologischen Relevanz der Metapher als Beitrag zur Hermeneutik einer narrativen Theologie," in P. Ricoeur/E. Jüngel, *Metapher. Hermeneutik religiöser Sprache* (München: Kaiser, 1974), 71–122; idem., "Die Problematik der Gleichnisrede Jesu," in W. Harnisch ed., *Gleichnisse Jesu. Positionen der Auslegung von Adolf Jülicher bis zur Formgeschichte* (Darmstadt: Wissen-

ンゲルは譬え話についての様式史的研究の成果を確認した上で、組織神学的考察を加えている。ユンゲルによると譬え話を語ることそのものが言葉による出来事であり、類比（Analogie）の作用によって神の国の到来の出来事を指し示すメタファーとして機能している[87]。譬え話に用いられる植えられた穀物や野菜の成長は人間の知恵を超えた自然現象であり（マコ4:3–8, 26–29, 30–32 を参照）、人間は驚きながらもその現象の結果として得られる収穫を享受している。同様に、神の国の到来も人間の知恵を超えた出来事であり、人間にできることはそれを信じて、神の支配に与ることである[88]。

　ハンス・ヴェーダーはエドゥアルト・シュヴァイツァーのもとでまとめた博士論文『メタファーとしてのイエスの譬え話』の中で、福音書中のイエスの譬え話の包括的研究を行った[89]。ヴェーダーがこの研究において採用しているのは、伝承史的方法と編集史的方法であり、譬え話の文献学的分析の成果として、イエスの代表的譬え話について、イエスの段階、初代教会の段階、福音書記者による編集段階の 3 段階毎に、言葉伝承の意味内容とその解釈を明らかにしている[90]。ヴェーダーの分析は伝承史的研究の成果を前提にしているが、ロバート・ファンクやポール・リクールの文

---

schaftliche Buchgesellschaft, 1982), 281–342; idem., "Das Evangelium als analoge Rede von Gott," in Wolfgang Harnisch ed., *Die neutestamentliche Gleichnisforschung im Horizont von Hermeneutik und Literaturwissenschaft* (Darmstadt: Wissenschaftliche Buchgesellschaft, 1982), 340–366.

87　Jüngel, *Paulus und Jesus*, 135–136, 138–139; idem., "Metaphorische Wahrheit," 78–81; idem., "Das Evangelium als analoge Rede von Gott," 358–359.

88　Jüngel, "Das Evangelium als analoge Rede von Gott," 346–347.

89　H. Weder, *Die Gleichnisse Jesu als Metaphern. Traditions- und redaktionsgeschichtliche Analysen und Interpretationen*, FRLANT 120 (Göttingen: Vandenhoeck & Ruprecht, 1978).

90　Weder, *Die Gleichnisse Jesu als Metaphern*, 9–224.

学的研究の影響を受けて、譬え話をメタファーと理解している[91]。そのために、イエスの譬え話の比較点は一つであり、一つの意味しかないというユーリヒャー以来の理解を否定し、譬え話の意味は一義的には定まらず、繰り返し問い返して新たな意味を得ることができるとした[92]。

ヴェーダーは博士論文の結論部分で、研究の成果を要約しつつ、譬え話の神学的な考察を与えている。イエスの宣教において神の支配は始まりつつあり、譬え話はイエスの存在において来たるべき神の支配がすでに到来しつつあることを指し示している[93]。イエスの現在と神の未来との間には弁証法的関係が存在している[94]。初代教会はイエスの死と復活と終末時のキリストの来臨の間の時代を生きているという意識のもとに譬え話をキリスト論的に再解釈し、新たな意味を見出した[95]。他方、教会の理解は倫理主義的傾向があり、イエスの譬えのメッセージを中間時に生きる者に対して終末に備えて倫理的行いを勧めるものと考えた（マタ 13:24–30, 47–48; 25:1–13）[96]。譬え話によって与えられた新たな自己理解は、新しい倫理的行動を生み出すからである[97]。

1.5 釈義的研究

アメリカの聖書学者であるジョン・ドナヒューは、1988 年に『譬え

91　Weder, *Die Gleichnisse Jesu als Metaphern*, 58–59.

92　Funk, "Das Gleichnis als Metapher," 39, 43–45; idem., *Language, Hermeneutic, and Word of God*, 133–134; idem., *Funk on Parables*, 29–30; Weder, *Die Gleichnisse Jesu als Metaphern*, 59–60; Harnisch, *Die Gleichniserzälungen Jesu*, 140.

93　Weder, *Die Gleichnisse Jesu als Metaphern*, 278, 282.

94　Weder, *Die Gleichnisse Jesu als Metaphern*, 282.

95　Weder, *Die Gleichnisse Jesu als Metaphern*, 278–279.

96　Weder, *Die Gleichnisse Jesu als Metaphern*, 279–280.

97　Weder, *Die Gleichnisse Jesu als Metaphern*, 280–281.

話における福音』というイエスの譬え話全体を包括する研究書を刊行した[98]。この研究は、共観福音書の物語的文脈を重視し、各福音書の中の代表的譬え話を採り上げて、内容と文学的効果を釈義的に検討した上で、結論として各福音書記者の譬え話解釈の特色を考察している[99]。

　譬え話を釈義的に深く研究しようとする傾向は、英語圏やドイツ語圏の譬え話研究に引き継がれていく。例えば、バーナード・ブランドン・スコットは、1989 年に『では、譬え話を聞こう：イエスの譬え話についての注解』を刊行した[100]。スコットには社会史的関心が強く、イエスの譬え話を、「家族、村、町、町の外」「主人と僕」「家と農場」の 3 つの主題に大別した上で、個々の譬え話を社会史的・釈義的視点より検討している。

　アーランド・ハルトグレンは、2000 年に共観福音書中のイエスの譬え話全体を網羅する注解書『イエスの譬え話：注解書』を刊行した[101]。この著作はイエスの譬え話についての新たな理論の構築を目指すよりも、個性を持った譬え話のそれぞれをその多様な形式や内容のままに理解しようという試みである。この本は福音書中の譬え話の内容を、「神の啓示」「模範的行動」「知恵」「神の前での生活」「終末の裁き」「アレゴリー」「御国」の 8 つに大別して分類した上で、譬え話を伝える個々の箇所の詳しい注解を与えている[102]。

　クライン・スノドグラスの『意図を持った物語：イエスの譬え話への包

98　J. R. Donahue, S.J., *The Gospel in Parable* (Minneapolis: Fortress, 1988).

99　Donahue, S.J., *The Gospel in Parable*, 194–216.

100　B. B. Scott, *Hear then the Parable: A Commentary on the Parables of Jesus* (Minneapolis: Fortress, 1989).

101　A. J. Hultgren, *The Parables of Jesus: A Commentary* (Grand Rapids: Eerdmans, 2000).

102　Hultgren, *Parables*, 20–423.

括的ガイド』も同様な釈義的研究である[103]。この著作の前半は譬え話について の理論的考察を行い、聞く者に認識の変更と相応しい応答を求めるイエスの意図の重要性を確認する[104]。後半は譬え話の内容を「恵みと責任」「種蒔きの譬えと譬え話の目的」「現在する御国」「イスラエル」「弟子であること」「金銭について」「神と祈り」「未来的終末論」の8つの主題に分類した上で、個々の譬え話について詳しい釈義を与えている[105]。

　ルーベン・ツィマーマンが編纂した『イエスの譬え話集成』は、譬え話という文学類型についての理論的考察を短く行った後に、文書資料毎に（Q資料、マルコ福音書、マタイ福音書、ルカ福音書、ヨハネ福音書、トマス福音書、アグラーファ）イエスの代表的譬え話を選び出して、分担執筆者がそれぞれに詳しい釈義的分析を与えている[106]。この浩瀚な書物が考察対象とする範囲は広く、共観福音書中の譬え話だけでなく、ヨハネ福音書やトマス福音書やアグラーファ中の譬え話まで分析の対象としており、イエスの譬え話が初代教会の様々な潮流の中でどのように受容され、継承・発展して行ったかを比較検討する材料を提供している。

103　K. R. Snodgrass, *Stories with Intent: A Comprehensive Guide to the Parables of Jesus* (2nd ed.; Grand Rapids: Eerdmans, 2018).

104　Snodgrass, *Stories with Intent*, 1–35.

105　Snodgrass, *Stories with Intent*, 37–600.

106　R. Zimmermann ed., *Kompendium der Gleichnisse Jesu* (2. korrigierte und um Literatur ergänzte Auflage: Gütersloh: Gütersloher Verlaghaus, 2015), 49–982.

2. イエスの譬え・譬え話の文学的分析

2.1 定義

譬え（比喩, Gleichnis, Bildwort）はあることを異なった事柄になぞらえる文学形式であり、未知のことを既知のものに対比し、不可視的なことを可視的なことに置き換えて修辞的効果を挙げることを目的とする[107]。譬えは聞く者の理解を助けると共に、メッセージを強く印象付け、記憶を助ける効果を狙っている（マコ 4:33–34）[108]。他方、文学的機能からすると譬えは対比や連想によって新たな意味を創り出して新しい現実認識をもたらす表現手段の一つである[109]。

---

107 *OED* 11:177; Jülicher, *Gleichnisreden*, 1:70, 73; Dodd, *The Parables of the Kingdom*, 16; Funk, *Language, Hermeneutic, and Word of God*, 133; idem., *Funk on Parables*, 29; Harnish, *Gleichniserzälungen*, 67; Hultgren, *Parables*, 3; J. Martin Soskice, *Metaphor and Religious Language* (Oxford; Oxford University Press, 1985), 15; Zimmermann, *Parabeln in der Bibel*, 148.

108 Harnish, *Gleichniserzählungen*, 63–64; Rau, *Reden in Vollmacht*, 61–62; Zimmermann, *Parabeln in der Bibel*, 75.

109 Funk, *Language, Hermeneutic, and Word of God*, 133–135; idem., *Funk on Parables*, 29–31; Ricoeur, "Biblische Hermeneutik," 283, 288, 294–295. 314; idem., *La métaphore vive*, Paris: Éditions du Seuil, 1975, 222–223（＝久米博訳『生きた隠喩』岩波現代選書 91、1984 年、253–254 頁）; E. Jüngel, "Metaphorische Wahrheit," 96–97; idem., "Das Evangelium als analoge Rede von Gott," 355–356; G. Sellin, "Allegorie und „Gleichnis"," in W. Harnisch ed., *Die neutestamentliche Gleichnisforschung im Horizont von Hermeneutik und Literaturwissenschaft* (Darmstadt: Wissenschaftliche Buchgesellschaft, 1982), 374–375, 408–409; Rau, *Reden in Vollmacht*,

譬え話（Parabelerzählung, Gleichnisrede）は仮構の物語の形をとった譬えであり、主として共観福音書が伝えるイエスの言葉伝承の中に出てくるが（マタ 13:24–30; 13:47–50; 25:1–13; 25:14–30; 25:31–46; マコ 4:1–9; 4:21–20; 4:21–23; 4:26–29; 4:30–32; ルカ 10:30–37; 15:3–7; 15:8–10; 15:11–32 他多数）[110]、ヨハネ福音書にも見られる（10:1–5; 10:7–10; 10:11–18; 15:1–10 を参照）。

成句として譬えは、福音書物語のナレーターが語る叙述部分にも（マタ 2:6; マコ 1:4; ヨハ 1:4b, 5a, 9）、イエス以外の登場人物の言葉にも出てくる（マタ 3:7–12 ; ルカ 1:68–79; 2:29–32; 3:7–17 を参照）。これに対して、場面・登場人物・出来事の展開と結末等の物語の構成要素を備えた譬え話は、イエスが語った言葉にしか出てこない。

2.2 語学的・機能論的考察

イエスの譬えや譬え話は共観福音書においては、パラボレー（παραβολή）と呼ばれている（マタ 13:3, 10, 13, 18, 24, 31, 33, 34; 21:33; 22:1; マ

106; Harnisch, *Gleichniserzählungen*, 151–153; B. Heininger, *Metaphorik, Erzählstruktur und szenisch-dramatische Gestaltung in den Sondergut-gleichnissen bei Lukas* (Münster: Aschendorff, 1991), 17; Meurer, *Die Gleichnisse Jesu als Metaphern*, 226–227, 310–311; C. Kähler, *Jesu Gleichnisse als Poesie und Therapie* (WUNT 78; Tübingen: Mohr-Siebeck, 1995), 34, 40–41; K. Erlemann, *Fenster zum Himmel: Gleichnisse im Neuen Testament* (Neukirchen-Vluyn: Neukirchener Verlag, 2017), 3, 31–32, 36; Zimmermann, *Parabeln in der Bibel*, 80–82, 148.

110　Jülicher, *Gleichnisreden*, 1:58; Bultmann, *Die Geschichte der synoptischen Tradition*, 188; Harnish, *Gleichniserzählungen*, 107–108, 259–261; K. Erlemann, *Fenster zum Himmel: Gleichnisse im Neuen Testament* (Neukirchen-Vluyn: Neukirchener Verlag, 2017), 4–5; Zimmermann, *Parabeln in der Bibel*, 124–128; 荒井『イエス・キリスト（下）』118–142 頁を参照。

コ 4:2, 10, 11, 13, 30, 33; ルカ 4:23; 5:36; 13:6, 41 他多数)[111]。このギ
リシア語名詞は七十人訳聖書では、ヘブライ語マーシャール (מָשָׁל) の
訳語として使用されるので、「譬え」(エゼ 17:2; 21:5; 24:3) のみならず
「格言」その他の意味も帯びることとなる (サム上 10:12; 王上 5:12; 箴
1:6; エゼ 16:44; 18:2–3; シラ 1:25; 39:3; 47:17)[112]。なお、マーシャール
(מָשָׁל) は多義的な名詞であり、基本的な意味は「格言」であるが (サ
ム上 24:14; 王上 5:12; 箴 1:1, 6; 10:1; 26:7; 詩 49:5; 78:2; エゼ 18:2–3
他)、文脈によっては、「譬え」や (エゼ 17:2; 21:5; 24:3)、「謎」や (士
14:12, 14; エゼ 12:22)、「嘲りの歌」や (申 28:37; 代下 7:20; 詩 44:15;
69:12; イザ 14:4; エレ 24:9; ミカ 2:4; ハバ 2:6)、「哀悼歌」や (エゼ
19:14)、「託宣」(民 23:7, 8; 24:3, 15, 20, 21, 23) を意味する[113]。

---

111 Bauer-Aland,1238–1239; F. Hauck, "παραβολή" *TWNT* 5:741–749; G.
Haufe, "παραβολή" *EWNT* 3:35–38; Jülicher, *Die Gleichnisreden Jesu*,
1:25–33; Zimmermann, *Parabeln in der Bibel*, 93–95; なお、古典修辞学は
文章の中に用いられる言葉の綾を παραβολή としているのであり、イエスが
語る譬え話のような説話を παραβολή と呼んでいる訳ではない。新約聖書は
七十人訳の用語法を援用することにより、古典修辞学の比喩論を超えて概念
を拡張している。

112 *LEH* 461; R. Brucker, "Zur Verwendung von παραβολή in der Septuagint," in
J. Schröter/K. Schwarz/S. Al-Saudi eds., *Jesu Gleichnisse und Parabeln in der
frühchristlichen Literatur: Methodische Konzepte, religioshistorische Kontexte,
theologische Deutungen* (WUNT 456; Tübingen: Mohr-Siebeck, 2021), 31–42.

113 *DCH* 5:537–539; O. Eissfeld, *Der Maschal im Alten Testament* (BZAW 24;
Giessen: Töpelmann, 1913), 21–25; B. Gerhardsson, "The Narrative Meshalim
in the Synoptic Gospels: A Comparison with the Narrative Meshalim in the Old
Testament," *NTS* 34 (1988):340; A. Schüle, "Mashal (מָשָׁל) and the Prophetic
'Parables'," in R. Zimmermann ed., *Die Hermeneutik der Gleichnisse Jesu*
(WUNT 231; Tübingen: Mohr-Siebeck, 2008), 205–216; Hultgren, *Parables*,
5–6; Erlemann, *Fenster zum Himmel*, 50; Zimmermann, *Parabeln in der Bibel*,

2. イエスの譬え・譬え話の文学的分析   33

　ヨハネ福音書において譬え話はパロイミア（παροιμία）と呼ばれる
（ヨハ 10:6; 16:25 [2回], 29; さらに、シラ 6:35; 8:8; 18:19; 39:3; 47:17
を参照）[114]。パロイミアは古典ギリシア語では「諺」を意味する（ソフォ
クレス『アジャックス』264; プラトン『饗宴』222b 他）[115]。この名詞は
七十人訳ではパラボレーと並んで（王下 5:12; 箴 1:6）、ヘブライ語マー
シャール（מָשָׁל）の訳語として使用される（箴 1:1）。パロイミアは間
接的な謎めいた語り方であり、解釈を必要としている（シラ 39:3; ヨハ
16:25, 29）[116]。パロイミアは聞き手に理解されず（ヨハ 10:6）、その解釈
を巡って聴衆が分裂することも起こる（10:19–21）。聞き手がイエスの譬
えを理解するのは、イエスの死と復活・昇天の後に父なる神の下から送る
真理の霊である聖霊の助けによる（16:12–15）[117]。

　古典修辞学は譬え（παραβολή/εἰκών, similitudo/imago）をある事物を
他の事物に置き換えて表現することであると定義し、後代の理論的考察の
端緒を与えた（アリストテレス『弁論術』1393b; 1406b; 偽キケロ『ヘレ

　　　103–110.

114　Hedrick, *Parables as Poetic Fictions*, 13–16; Zimmermann ed., *Kompendium*,
　　　701, 704; Kunath, "Paroimische Rede im Johannesevangelium," 142–148,
　　　155–158.

115　*LSJ*, 1342; *The Brill Dictionary of Ancient Greek*, 1587; R. Zimmermann,
　　　*Christologie der Bilder im Johannesevangelium. Die Christopoetik des vierten
　　　Evangeliums unter besonderer Berücksichtung von Joh 10* (WUNT 171;
　　　Tübingen: Mohr-Siebeck, 2004), 33–34.

116　Bauer-Aland, 1270–1271; F. Hauck, "παροιμία," *TWNT* 5:852–855; H.
　　　Balz, "παροιμία," *EWNT* 3:97–100; Thyen, *Das Johannesevangelium*, 475;
　　　Zimmermann, *Christologie*, 35–39, 78–81; Kunath, "Paroimische Rede im
　　　Johannesevangelium," 145–146.

117　Schnackenburg, *Das Johannesevangelium*, 2:356; Schnelle, *Das Evangeli-
　　　um nach Johannes*, 231; Zimmermann, *Christologie*, 41.

ンニウスに与える修辞学書』4.34.1; クインティリアヌス『弁論家の教育』
8.6.1; 9.1.1–6)[118]。修辞学は譬え（παραβολή/εἰκών, similitudo/imago）と
メタファー（μεταφορά, metaphora/translatio）とを概念上区別してきた。
語源論からすると、並べて比べることを意味する παραβολή は比較の契機
を強調し、似姿を意味する εἰκών は類似性や視覚性・象徴性に着目して
いる[119]。これに対して、移動させることを意味する μεταφορά は置き換え
の契機を強調している[120]。文体論からすると、譬え（直喩）は「……のよ
うな」といった比較の言葉を伴うが、メタファー（隠喩）はそのような句
を伴っていない。しかし、ある事物を他の事物に置き換えて表現するとい
う性格は、比較の言葉が明示されるどうかを問わず存在しており、修辞的
機能の点からすると譬え（直喩）とメタファー（隠喩）の間の違いは大き
くない（アリストテレス『弁論術』1406b; クインティリアヌス『弁論家
の教育』8.6.8–9)[121]。

　言語の文学的機能についての議論において、メタファーは象徴性の強い
言語表現として詩文との親和性が強く、詩作に用いられる非日常的語法
の一つとされる（アリストテレス『詩学』1457a–1459;『弁論術』1406b

118　H. Lausberg, *Handbuch der literarishen Rhetorik* (4. Aufl.; Stuttgart: Franz
　　　Steiner Verlag, 2008), §422–423, 843.

119　*LSJ*, 485, 1305; *BDAG*, 602, 1543; Erlemann, *Fenster zum Himmel*, 4;
　　　Zimmermann, *Parabeln in der Bibel*, 148.

120　*LSJ*, 1118; *BDAG*, 1330; Soskice, *Metaphor and Religious Language*, 1;
　　　Zimmermann, *Parabeln in der Bibel*, 132.

121　Lausberg, *Handbuch*, §285–286, 558; Weder, *Die Gleichnisse Jesu als Meta-
　　　phern*, 59–60; Sellin, "Allegorie und „Gleichnis"," 375; Ricoeur, *La metaphor
　　　vive*, 222–223（=『生きた隠喩』、224–225 頁）; Heininger, *Metaphorik*, 21;
　　　Rau, *Reden in Vollmacht*, 65; Kähler, *Jesu Gleichnisse als Poesie und Therapie*,
　　　22–23.

を参照)[122]。ただし、メタファーには様々なタイプがあり、新奇なもので
なければ詩文に限られず散文や弁論にも度々使用される。メタファーは
繰り返し使用されると日常化し、理解が容易になる[123]。例えば、「神の国」
という表現は（マタ 6:33; 12:28; マコ 1:15; 4:11, 26; ヨハ 3:3, 5; I コリ
6:9, 10; ガラ 5:21 他）、見えざる神の支配を地上の王が支配する国のイ
メージを借りて表現するメタファーだが、繰り返し使用されるうちに日常
化し、聴き手には特にメタファーと意識されなくなっている。また、メタ
ファーという概念は単語レベルのみならず、文章や説話のレベルにも拡張
して適用することができるので、仮構の物語である譬え話（Parabel）も
譬えの言葉（Bildwort）と同様にメタファーとして機能していると言え
る[124]。

　言葉による説得の技術についての理論である修辞学は、譬えを修辞
技術の一つと理解している[125]。修辞学は譬えを例証（παράδειγμα,
exemplum）に分類しているが（アリストテレス『弁論術』1393a–b; ク
インティリアヌス『弁論家の教育』5.11.1–2, 22–35）、譬えによって事柄
について聴衆の理解を助けて一定の認識に導くことができることがその理
由である[126]。イエスはガリラヤの民衆に対する宣教活動において、彼らの

122　Ricoeur, "Biblische Hermeneutik," 316; Meurer, *Die Gleichnisse Jesu*,
　　236–239; Harnisch, *Die Gleichniserzählungen Jesu*, 159–160; Kähler, *Jesu
　　Gleichnisse als Poesie und Therapie*, 34–35.

123　Kähler, *Jesu Gleichnisse als Poesie und Therapie*, 32, 214.

124　Ricoeur, "Biblische Hermeneutik," 282–283; Meurer, *Die Gleichnisse Jesu*,
　　211–213; Harnish, *Die Gleichniserzählungen Jesu*, 125–141; Heininger,
　　Metaphorik, 21–22; Zimmermann, *Parabeln in der Bibel*, 87.

125　Ricoeur, "Biblische Hermeneutik," 283–284; J. T. Tucker, *Example Stories:
　　Perspectives on Four Parables in the Gospel of Luke* (JSOT 162; Sheffield:
　　Sheffield Academic Press, 1998), 307–317.

126　Lausberg, *Handbuch der literarishen Rhetorik*, §422–425; Jülicher, *Gleich-*

理解力に合わせて譬え話という話法を選択しているので（マコ 4:33–34）、神の国の教えを語るに際して民衆の理解を助けるための例証として譬えを用いていると判断できる。

　なお、修辞学において譬えはある事柄を既知の事柄によって置き換える言葉の綾に過ぎず、新しい意味を作り出さないことが前提になっていると主張されることがある[127]。しかし、そのような前提を古典修辞学の原典の記述自体に認めることはできない[128]。それは修辞学に対する解釈者の思い込み（＝前提）を投影しているだけではないだろうか。修辞学は譬えとはある事柄を他の事柄に置き換えて表現する言葉の技術であると規定しているが、置き換えによって新しい側面に光が当たり、既成の知識を超えた新しい洞察が得られ、新たな意味が発見されることを否定している訳ではない[129]。

---

　　　 nisreden, 1:70,73, 96–97; Harnisch, *Gleichniserzählungen*, 130–131, 138–139, 307–308; Witherington III, *New Testament Rhetoric*, 31; Zimmermann, *Parabeln in der Bibel*, 132–133 を参照。

127　Ricoeur, "Stellung und Funktion," 46; *Interpretation Theory*, 49; idem., "Biblische Hermeneutik," 284–285; P・リクール『解釈の革新』、115–117 頁; 同『解釈の理論』、84–85 頁; Meurer, *Die Gleichnisse Jesu als Metaphern*, 226–227, 230–231 を参照。

128　J. M. Soskice, *Metaphor and Religious Language* (Oxford: Clarendon, 1987), 25–26.

129　Soskice, *Metaphor and Religious Language*, 3, 8–10.

3. 譬えの釈義的・文学的考察

3.1 詩文中の譬え

　ストーリー性を備えた物語ではなく短い成句として譬えが用いられている場合は、その分析は詩文中の言葉についての釈義的・文学的考察という性格を持っている。例えば、マルコ福音書では、冒頭の「（神の子）イエス・キリストの福音」という表題の後に置かれた詩文であるイザヤ書40:3からの引用句の中に、「荒野で叫ぶ者の声」「主の道を備える」という譬えが出てくる（マコ 1:2–3 並行）。この旧約引用は、マコ 1:4 に登場する洗礼者ヨハネの役割について読者に予め説明する役割を持っている。第二イザヤ本来の文脈では、「荒野で呼ばわる者の声」とはバビロン捕囚からの解放を告げる預言者の声を指し、それは、「主のために荒野に道を備えよ」という言葉で始まっている（イザ 40:3）。マルコはこの句を洗礼者ヨハネの活動を預言した言葉と解釈して引用している。罪の赦しを受けるために悔い改めを勧める洗礼者ヨハネの宣教活動はヨルダン川のほとりの荒野で行われており、ヨハネを旧約預言が言及している「荒野に呼ばわる声」と同定することは難くなかった。他方、「主の道を備える」という句はメタファーとして用いられており、文字通り道路を設置することではなく、主イエスの到来に先立ってイスラエルの民のもとにやって来て、人々の心を整えて主の到来の準備をすることを指している[130]。マルコは良

130　J. Gnilka, *Das Evangelium nach Markus*, EKK 2/1-2 (2 Teile: 3. durch-gesehne Aufl.; Zürich: Benzinger; Neukirchen-Vluyn: Neukirhener, 1989), 1:44–45; J. Marcus, *Mark: A Commentary*, AB 27–27A (2 vols; New York: Doubleday; New Haven: Yale University Press, 2000–2009), 1:148; A. Y.

く知られた旧約預言に出てくる象徴的言い回しを借用することで、洗礼者の活動の意味を印象的に表現している。

　マタイ福音書冒頭の降誕物語の叙述部分には随所に旧約預言が引用されている（マタ 1:23 ＝イザ 7:14; マタ 2:6 ＝ 5 ミカ :1, 23; マタ 2:18 ＝エレ 31:15; 創 35:19）。それはマタイがイエスの誕生の出来事を預言の成就と考えているからであり（マタ 1:22 を参照）、旧約引用を通してイエスがイスラエルを救うメシアであることを示そうとしている。マタ 2:6 はミカ書 5 章からの引用であるが（ミカ 5:1, 3）、その中に「我が民イスラエルを牧する者」という表現が出てくる。旧約聖書にはイスラエルの指導者を「羊飼い」に、その統治を「羊を飼うこと」に譬える伝統があったが（詩 78:70–72; イザ 63:11; エゼ 34:2–5; 37:24 を参照）、ここではイエスが「油注がれた」王としてダビデ王の出身地であるベツレヘムに生まれることを示唆している。ここで敢えてミカ 5:3 が選ばれているのは、メシアがベツレヘムから出てくることを立証する預言であるからである。譬えは象徴性の強い言語表現として詩文との親和性が強く、詩作に用いられる非日常的語法の一つとされる（アリストテレス『詩学』1457a–1459;『弁論術』1406b を参照）[131]。旧約預言は詩文であり、メタファーが沢山使用されている。マタイはメシア預言を示すメタファーを引用して、イエスの誕生の意味を読者の脳裏に焼き付けている。

　マタイ福音書 3 章以降は成人したイエスの生涯を描いている。ヨルダン川で洗礼者ヨハネから洗礼を受けた後（マタ 3:13–17）、40 日の間荒野でサタンの誘惑を受けて退けた後に（マタ 4:1–11）、ガリラヤに帰って天国の到来の福音を語る活動を始める（4:12–17）。イエスのガリラヤ宣教の開始をマタイはイザヤの預言の成就と考えた。マタ 4:16–17 はイザ 8:23–9:1 を引用するが、マタ 4:16 には「暗闇に輝く光」という譬えが出

　　　Collins, *Mark* (Minneapolis: Fortress, 2007), 136–137.

131　Ricoeur, "Biblische Hermeneutik," 316.

3. 譬えの釈義的・文学的考察 | 39

てくる（イザ 9:1）。イザヤ書の本来の文脈では、この暗闇とはアッシリア帝国の支配下にある世界のことであり、光とはその支配を打ち破ってイスラエルの主権を回復するメシアのことを指している。マタイはその指示対象を自分と同時代の世界に移して、かつて「異邦人のガリラヤ」と呼ばれた地において宣教活動を始めたイエスの姿に世界に光をもたらすメシアの姿を重ねている[132]。この場合の「光」はイザヤの預言のような政治的な主権の回復ではなく、罪からの救いの希望を象徴しているであろう。マタイは先に読者に対してイエスという名の意味は「自分の民を罪から救う」ことを意味していると述べている（マタ 1:20）。マタイは旧約聖書の譬えをキリスト論的な視点から再解釈して、指示対象を大胆に転換している。

ルカ福音書冒頭の降誕物語の叙述部分には、神を畏れるイスラエル人の預言や讃美の歌が記されている（ルカ 1:68–79「ザカリアの預言」；2:29–32「シメオンの讃歌」）。預言や讃歌は旧約時代より韻文で表現されるのが伝統であり、降誕物語に出てくる預言や讃歌も韻律を持った詩文となっている。これらの詩文の中には幼子イエスの存在をメタフォリカルな内容を持つ譬えを用いて表現している部分がある。「ザカリアの預言」（1:67–79）において洗礼者の父ザカリアは、ヨハネの誕生に際して神を称えつつ、救い主誕生の預言を行っている。その内容は来たるべき救い主の誕生を予告する預言であり、メシアであるイエスの到来と（1:68–69, 78–79）、到来の準備をする洗礼者の務めについて語っている（1:76–77）。この預言によれば、到来するイエスは「救いの角」（1:69）であり（詩 18[17]:3; 89[88]:17; 132[131]:17; 148[147]:14; エゼ 29:21を参照）、「高いところからの曙光」として、「暗闇と死の陰に座する者た

132　D. A. Hagner, *Matthew* (WBC 33A–B; 2 vols; Dallas: Word, 1993–95), 1:74; W. D. Davies/D. C. Allison, *The Gospel according to Saint Matthew* (ICC; 3 vols; Edinburgh: T. & T. Clark, 1988–1997), 1:386; G. R. Osborne, *Matthew* (ZECNT 1; Grand Rapids: Zondervan, 2010), 143.

ちを照らし、私たちの道を平和へ導く」（1:78b–79）こととなる（イザ
9:1; 60:1, 19 を参照）。これらのメタファーは旧約聖書の詩編や預言書に
見られるメシア預言の比喩的表現を借用しながら、イエス・キリストの到
来の意味を告げている[133]。

「シメオンの讃歌」（ルカ 2:29–32）では、エルサレムの神殿にイエスが
両親に連れて来るのを見て、シメオンが神を讃える讃美の歌を歌う。その
中で彼は幼子イエスを「諸国民への啓示の光」と呼ぶ（2:32）。この句は
イザヤの僕の歌に出てくる「諸国民の光」（イザ 42:6; 49:6; 60:1–3）と
いう表現をもとに作り出した詩的メタファーである[134]。

ヨハネ福音書が展開する詩的で象徴的な言語空間は、譬えと親和性が
強い。第 4 福音書において、譬えはメタファーとして短い成句の形でも
ストーリーを備えた譬え話の形でも用いられている[135]。成句としての譬
えは、物語の語り手の叙述の中にも、登場人物の発言の中にも出てくる。

133　J. A. Fitzmyer, *The Gospel according to Luke*, AB28, 28A (2 vols; New
York: Doubleday, 1979–1985), 1:383, 388; J. Nolland, *Luke*, WBC 35A–
C (3 vols; Dallas: Word, 1989–1993), 1:86; D. L. Bock, *Luke* (2 vols;
Grand Rapids: Baker, 1996), 1:180–181; F. Bovon, *Lukasevangelium*,
EKK III/1–4 (Zürich: Benzinger; Neukirchen-Vluyn: Neukirchener
Verlag, 1989–2009), 1:104–105; H. Klein, *Das Lukasevangelium*, KEK
I/3 (Göttingen: Vandenhoeck & Ruprecht, 2006), 123, 126; M. Wolter,
Das Lukasevangelium, HNT5 (Tübingen: Mohr-Siebeck, 2009), 113; D.
E. Garland, Luke, ECNT3 (Grand Rapids: Zondervan, 2011), 107; 嶺重淑
『NTJ 新約聖書注解 ルカ福音書』、日本キリスト教団、2018 年、1:81, 84 頁;
同『ルカ神学の探究』教文館、2012 年、46 頁。

134　Fitzmyer, *Luke*, 1:428; Nolland, *Luke*, 1:120; Bock, *Luke*, 1:244–245;
Bovon, *Lukasevangelium*, 1:145; Klein, *Lukasevangelium*, 148; Wolter,
Lukasevangelium, 140; Garland, *Luke*, 136; 嶺重『ルカ福音書』、1:107–108
頁; 同『探究』、71 頁を参照。

135　R. Zimmermann, *Christologie der Bilder im Johannesevangelium. Die*

前者の例は物語冒頭のロゴス讃歌が用いる「光」（1:4b, 5a, 9）や「闇」（1:5b）という表現に見られる。ここでは天地が創られる前から神のもとにあったロゴス＝神の独り子イエス・キリスト（1:18）が、世界を照らす光に譬えられ、キリストを信じない人間世界が闇に譬えられている[136]。ヨハネ福音書の冒頭の文章は（ヨハ 1:1–5）、神が言葉によって天地を創造した天地創造の出来事を想起させる（創 1:1–2:4）。神が万物の創造に先立って創造したのは光であった（創 1:3–5）。他方、詩編は神を光に譬えることがある（詩 27:1; 36:10; 56:14; 104:2）。また、預言者イザヤはメシア預言の中で闇の中に輝く光のイメージを救いの到来の比喩とした（イザ 2:5; 9:1; 60:1–3）。ヨハネ福音書は、旧約聖書に遡る光の譬えを再解釈して、神の子キリストが世の光であるとしている（ヨハ 1:4b, 5a, 9; 8:12）。

3.2 洗礼者とイエスの譬え

3.2.1 洗礼者が用いる譬え

マタイ福音書やルカ福音書ではイエスだけではなく、洗礼者ヨハネも譬

Christopoetik des vierten Evangeliums unter besonderer Berücksichtung von Joh 10, WUNT 171 (Tübingen: Mohr-Siebeck, 2004), 104–136.

136 R. Schnackenburg, *Das Johannesevangelium* (3. Aufl.; 3 Teile; Freiburg: Herder, 1979), 1:217–222; H. Thyen, *Das Johannesevangelium*, HNT 6 (2. durchgesehne und korrigierte Auflage; Tübingen: Mohr-Siebeck, 2015), 72–73; J. Zumstein, *Das Johannesevangelium*, KEK 2 (Göttingen: Vandenhoeck & Ruprecht, 2016), 77–78; E. W. Klink III, *John*, ECNT (Grand Rapids: Zondervan, 2016), 95–96; U. Schnelle, *Das Evangelium nach Johannes* THNT 4 (5. neu bearbeitete Aufl.; Leipzig: Evangelische Verlagsanstalt, 2016), 50–52 を参照。なお、R. Bultmann, *Das Evangelium des Johannes* (10. Auflage; Göttingen: Vandenhoeck und Ruprecht, 1941), 23–25 は、光が持たらす自己認識作用に注目している。

えを用いて人々に語り掛けている。マタ 3:7–12 やルカ 3:7–9 によると、洗礼者は説教の中で、「蝮の子ら」（マタ 3:7）、「悔い改めに相応しい実を結ぶ」（マタ 3:8, 11; ルカ 3:8）、「脱穀と焼却」（マタ 3:12; ルカ 3:17）等の譬えを用いている。「蝮の子ら」（マタ 3:7; ルカ 3:7）は洗礼を受けようとしてやって来たファリサイ派やサドカイ派の人々を指して用いられた極めて否定的な表現である。「悔い改めに相応しい実を結ぶ」こととは（マタ 3:8, 11; ルカ 3:8）、罪を告白して洗礼を受けた者が、悔い改めに相応しい倫理的振る舞いをすることを指している。倫理的振る舞いを木が実を結ぶことに譬えることは、詩編や箴言や預言書にしばしば見られるので（詩 1:3; 92:13–15; 箴 11:30; イザ 3:10; エレ 17:7–8, 10）、旧約聖書に親しんでいる聴衆には説明する必要のない表現であった[137]。「良い木は良い実を結び、悪い木は悪い実を結ぶ」という譬えを、後にイエスが弟子たちとガリラヤの民衆に語りかけた山上の説教の中で用いることになる（マタ 7:19）。

「斧が根元に置かれている。良い実を結ばない木は切り倒されて火に投げ込まれる」（マタ 3:10; ルカ 3:9）という譬えは Q 資料に由来するが、譬えが終末の裁きをリアルに描く効果を持っており（イザ 10:33）、洗礼者が裁きの接近を説いて民に悔い改めを勧める預言者であることを示している[138]。「脱穀と焼却の譬え」（マタ 3:12; ルカ 3:17）も Q 資料に由来する（を参照）[139]。「脱穀」は旧約聖書において預言者たちが裁きの象徴とし

137　Münch, *Die Gleichnisse Jesu*, 187–188.

138　J. Gnilka, *Das Matthäusevangelium*, HTKNT 1/1–2 (Freiburg: Herder, 1986–1988), 1:70; Luz, *Matthäus*, 1:205.

139　Robinson et al., *The Critical Edition of Q*, 16–17; Roth, *The Parables in Q*, 66–77; idem., "Harvest Imagery in Q Parables," in T. E. Goud/J. R. C. Cousland/J. Harrison eds. *Encountering the Parables in Contexts Old and New* (LNTS671; London: T & T Clark, 2023), 37–38; 山田耕太『Q 文書』、

て用いている（イザ 41:15–16; ミカ 4:12–13）。「火」は旧約聖書におい
ても（イザ 10:16–19; 66:24; エレ 7:20; 17:27; 21:12; アモ 5:6; ナホ 1:6;
ゼファ 1:18; マラ 3:19）、新約聖書においても（マタ 5:22; 7:19; マコ
9:22, 43, 44; ルカ 3:9; 12:49; 17:29; 黙 20:9, 10, 14, 15 他）、裁きの象徴
として用いられている。したがって、穀物を収穫した後、脱穀し、残った
籾殻を火にくべることが、終末の裁きを象徴することは、ヨハネの説教を
聞いた聴衆にも福音書の読者にも明らかであった[140]。

「箕を手に持って脱穀場をくまなく清め、穀物を集めて倉に収め、籾殻
を消えることのない火で焼く」という句は（マタ 3:12; ルカ 3:17）、メシ
アが行う終末の裁きを、収穫した籾を脱穀して穀物を集める農作業に譬え
ており、聞く者に終末の裁きの恐ろしさをリアルに感じさせる効果があ
る[141]。

ヨハネ福音書でも洗礼者ヨハネは譬えを用いて語っている。洗礼者はユ
ダヤ人指導者の使者たちから問われた時に、自分はメシアではなく「荒野
に叫ぶ者の声」であると答えている（ヨハ 1:23）。捕囚からの解放とユダ
ヤへの帰還を語る第二イザヤの預言の言葉を借りて（イザ 40:3）、ヨハネ
は自分がメシアに先立って現れてメシアの到来の準備をする先行者である
ことを明らかにしている。

第 4 福音書ではヨハネは自分の弟子たちに対して、イエスが「世の罪
を取り除く神の子羊」であると証言している（ヨハ 1:29, 36）。ヨハネ
のこの発言は、過越の祭や（出 12:3–13）、罪の贖いの儀式に用いられ
る羊の表象を借りながら（レビ 3:6–7; 5:18; 9:1 他）、世の罪を贖うため

20–21 頁を参照。

[140] J. Jeremias, *Die Gleichnisse Jesu* (3. durchgesehne Auflage; Göttingen: Vandenhoeck & Ruprecht, 1954), 98; Roth, *The Parables in Q*, 71–72, 74–75; 嶺重『ルカ福音書』、1:141 頁を参照。

[141] Gnilka, *Matthäusevangelium*, 1:72.

になされるキリストの死の意義を示すメタファーとして用いている（ヨ
ハ 12:23–24; 19:28–30)[142]。このような犠牲の羊の表象の譬えの使用
は、苦難の僕の死の意義についてのイザヤ書の記述に先行例があり（イ
ザ 53:6–7)、使 8:32; I ペト 1:19 でもイエスの受難に関して援用されてい
る[143]。

3.2.2　イエスが用いる譬え

　福音書物語の登場人物であるイエスの発言の中には、沢山の譬えが使用
されている。イエスの譬えは語られた場所と聴衆によってかなり性格が異
なっている。ここでは、共観福音書に登場するイエスの譬えを、ガリラヤ
で語られた譬えと（マタ 5:13; 5:14, 16; 7:13–14; マコ 1:17; 2:17; 2:19;
2:21; 2:22; 7:27; 8:15; 8:34; ルカ 6:22; 8:16–18 他)、エルサレムへ向
かう途中で語られた譬えと（マタ 18:11–14; マコ 9:50; 10:16; 10:25;
10:38; 10:43; 10:44; ルカ 10:2; 11:11–12; 11:33; 12:33; 14:34 他)、エ
ルサレムで語られた譬え（マタ 24:32–33; マコ 13:28–29; マコ 11:17;
12:25; ルカ 21:29–31 他）に分けて考察してみる。ヨハネ福音書は共観福
音書とは筋立てが全く異なっており、イエスの譬えの機能もかなり異なっ
ているので、別にまとめて考察することとする。

ガリラヤで語られた譬え

　イエスはヨルダン川で洗礼者から受洗した直後に（マコ 1:9–11 並行)、

142　Bultmann, *Das Evangelium des Johannes*, 66–67; Zimmermann, *Christologie*, 107–117; K. Wengst, *Das Johannesevangelium*, TKNT 6 (Neuausgabe in einem Band; Stuttgart: Kohlhammer, 2019), 75.

143　Brown, *John*, 1:60–61; Schnackenburg, *Das Johannesevangelium*, 1:1:287–288; Zimmermann, *Christologie*, 114–115; Thyen, *Das Johannesevangelium*, 117; Schnelle, *Das Evangelium nach Johannes*, 77.

荒野で四十日間サタンの誘惑を受けた後に（マコ 1:12–13 並行）、ガリラヤに戻り、神の国の福音を説く活動を始めている（マコ 1:4–15 並行）。彼はガリラヤ湖岸で出会ったシモンとアンデレの兄弟に対して、「私に従って来なさい。人間を獲る漁師にしてあげよう」と語っている（マコ 1:17 並行）。「人間を獲る漁師」という言葉は比喩的な表現であり、イエスの弟子になって伝道者となることを指している。伝道者が福音を伝える宣教活動を通して回心者を得ることを、網を打って魚を捕まえる漁労に譬えているのである。この譬えはシモンとアンデレが漁師であり、彼らが漁をしている時に出会ったので、イエスが漁労を裁きに譬える旧約聖書の文学的伝統を踏まえながらも（エレ 16:16; エゼ 29:4–5; アモ 4:2; ハバ 1:14–15）、その意味を転換させて人々を回心へと到らせる宣教という意味付けを与えたのである[144]。二人の兄弟は即座に網を捨ててイエスの後に従っているので（マコ 1:18 並行）、譬えの意味することを即座に理解したものと思われる。譬えは効果的な言葉による説得の手段として働いたのであった。

　マコ 2:17 に引かれている「医者を必要としているのは健康な者ではなく病人である。私は義人でなく、罪人を招くためにやって来た」というイエスの言葉は、徴税人や罪人たちを受け入れて一緒に食事さえしているイ

144　E. Schweizer, *Das Evangelium nach Markus*, NTD1 (17. durchgesehne Aufl.; Göttingen: Vandenhoeck & Ruprecht, 1989), 21; D. Lührmann, *Das Markusevangelium*, HNT 7 (Tübingen: Mohr-Siebeck, 1987), 47; R. T. France, *The Gospel of Mark: A Commentary on the Greek Text*, NIGTC (Grand Rapids: Eerdmans, 2002), 96–97; J. R. Donahue, *The Gospel of Mark*, Sacred Pagina 2 (Collegeville, MN: Liturgical, 2002), 75; P. Dschulnigg, *Das Markusevangelium*, TKNT 2 (Stuttgart: Kohlhammer, 2007), 76; M. L. Strauss, *Mark: A Commentary*, ZECNT 2 (Grand Rapids: Zondervan, 2014), 83; D. Bock, *Mark*, NCBC (Cambridge; Cambridge University Press, 2015), 122 を参照。

エスの態度を非難するファリサイ派の律法学者に対する弁明としてなされている[145]。弁明（ἀπολογία）は修辞学において、法廷弁論の果たす機能の一つとして認識されている（アリストテレス『弁論術』1358b; 1368b; キケロ『発想論』1.5.7; クインティリアヌス『弁論家の教育』3.9.1–5）。

　前半の「医者を必要としているのは健康な者ではなく病人である」という文章は恐らく当時のユダヤ人の間に流布していた格言であろう（『メキルタ・出エジプト記』15:26 を参照）。後半の「私は義人でなく、罪人を招くためにやって来た」という文章は、徴税人や罪人たちを受け入れるイエスの振る舞いの意味を提示している[146]。この後半の文章があるために、前半の文章がメタファーとなり、イエスは自らを医者に、義人を任じるファリサイ派を健康な人に、徴税人や罪人たちを病人に譬えていることになる（シラ 38:9–10, 15 を参照）[147]。イエスは論敵たちの非難に対して格言をメタファー化して効果的に反論しており、論敵たちは非難を続けることを断念している[148]。

　マコ 2:19 の「婚礼の客は花婿と一緒にいる間は断食することができない」という言葉は、イエスの弟子たちの禁欲的ではない生活様式に対して、洗礼者の弟子たちやファリサイ派の弟子たちから寄せられた疑問に答えて語られている（マコ 2:18 を参照）。当時の敬虔なユダヤ教徒たちが宗教的な行として断食を行っていたのに対して（ユデ 8:6; シラ 34:31; マ

145　並行箇所についていえば、マタ 5:17 はマコ 2:17 をそのまま引用しているが、ルカ 5:32 は「悔い改めるために」という句を付け加えている。

146　R. Pesch, *Das Markusevangelium*, HTKNT 7 (2 Bände; Freiburg: Herder, 1976–1977), 1:166–167.

147　Marcus, *Mark*, 1:228; Collins, *Mark*, 195; France, *Mark*, 135; Strauss, *Mark*, 133; 上村静『宗教の倒錯　ユダヤ教・イエス・キリスト教』岩波書店、2008 年、177–178 頁を参照。

148　Harnisch, *Gleichniserzählungen*, 116–117.

タ 6:16–18; マコ 2:18; ルカ 2:37; 18:12 を参照)、イエスとその弟子たち
は行っていなかった。その理由としてイエスは自らを花婿に、弟子たち
婚礼の客に譬え、良い知らせである福音を語る先生と共にいる間は、悲
しみの表現である断食（サム上 31:13; サム下 1:12; 3:35; 詩 35:13; 69:11
を参照）を行うことができないことを表明して反論している（『バビロニ
ア・タルムード』「シャバト」114a を参照）[149]。この言葉は格言風の表現
であるが、シオンの回復を婚礼の喜びに譬える旧約預言の伝統に基づいて
（イザ 61:10; 62:4–5）、イエスがその場で臨機応変に創り出した警句であ
ろう[150]。これに対して、「彼らから花婿が奪い去られる時がやって来ると
きには、彼らは断食することになるだろう」という言葉は、イエスの死
と復活後の教会が付け加えた伝承であろう[151]。初代教会は折りにふれて断
食を実践しており（使 13:2–3; 14:23; 27:9; ディダケー 8:1 を参照）、イ
エスの譬えを自分たちの状況と慣行に適合するように再解釈したのであ
る[152]。

　マコ 2:21–22 も福音に生きる者の生活の在り方が、既存のユダヤ教の
敬虔の在り方とは根本的に異なることを示すために語られた二つの譬えか
らなっている[153]。「新しい布切れの譬え」や（マコ 2:21 並行）、「新しい
葡萄酒の譬え」（マコ 2:22 並行）において、「新しい布切れ」や「新しい

149　Pesch, *Markusevangelium*, 1:173; Marcus, *Mark*, 1:237–238; Collins, *Mark*, 199; Harnisch, *Gleichniserzählungen*, 116; G. Kern, "Fasten oder feiern? – Eine Frage der Zeit (Vom Bräutigam/Die Fastenfrage): Mk 2,18–20 (Mt 9,14f./Lk 5,33–35/EvThom 104)," in R. Zimmermann ed., *Kompendium*, 265, 269–270.

150　Pesch, *Markusevangelium*, 1:173; Collins, *Mark*, 199.

151　Jülicher, *Gleichnisreden*, 1:184–185; Donahue, *The Gospel of Mark*, 107.

152　Pesch, *Markusevangelium*, 1:174–175; Kern, "Fasten oder feiern?," 267.

153　R. Gundry, *Mark: A Commentary on his Apology for the Cross* (Grand Rapids: Eerdmans, 1993), 134; Donahue, *The Gospel of Mark*, 109.

葡萄酒」は、イエスが説いた新しい教えである福音に基づく生き方のことを指している[154]。新しい布切れを古い布に縫い付けてはいけないことや、新しい葡萄酒を古い革袋に入れてはならないことは、当時のガリラヤの民衆の生活体験から生まれた諺であったと考えられる。イエスはこの生活知を示す諺を福音に生きることを示す譬えに転用して修辞的効果を上げている。これらの譬えによって弟子たちやファリサイ派や洗礼者の弟子たちは、福音に基づく生活の本質的新しさを認識することになる。

マコ 7:27 においてイエスは娘の癒しを願うシリア・フェニキアの女性に対して、「子供たちのパンを取って犬に投げてやるのは良くない」と述べている。この場合は、「パン」とはイエスが与える癒しであり、「子供たち」とはイスラエル人、「犬」とは異邦人のことを指している[155]。女性はこの譬えを理解して即座に、「食卓の下にいる犬も子供たちのパンくずを食べます」と答えている（7:28）。イエスは女性の願いに応えて、その娘を癒している。

四千人の給食の出来事の後にイエスは弟子たちに対して、「ファリサイ派のパン種とヘロデのパン種によくよく気を付けなさい」と述べている（8:15）。「パン種」はこね粉を膨らませる酵母であるが（マタ 13:33; 16:12; ルカ 13:21）、ここではこね粉の素材を内側から損なうものとして否定的に見られている（I コリ 5:6; ガラ 5:9 を参照）[156]。「ファリサイ派のパン種とヘロデのパン種」とは彼らの教えや偽善的な生活態度のことを指

---

154 Jülicher, *Gleichnisreden*, 2:189, 196; Lührmann, *Markusevangelium*, 63–64; Collins, *Mark*, 200; Bock, *Mark*, 152; M. Leutzsch, "Was past und was nicht (Vom alten Mantel und vom neuen Wein): Mk 2,121f (Mt 9,16f./Lk 5,336–39/EvThom 47,3–5)," in Zimmermann ed., *Kompendium*, 275–276.

155 Jülicher, *Die Gleichnisreden Jesu*, 2:257–258; Collins, *Mark*, 366.

156 Bauer-Aland, 687; Schweizer, *Markus*, 86; Gnilka, *Markus*, 1:310; Bock, *Mark*, 236.

しているようであるが（マタ 6:2, 5, 16; 23:13, 15, 23, 25, 29; ルカ 12:1
を参照）、一義的には明らかではない。謎を掛けられた弟子たちは譬えが
理解できず、自分たちがパンを十分に持ってくるのを忘れたからなのかと
論じ合った（マコ 8:16）。

　マタイ福音書においても、イエスはしばしば譬えを用いて語ってお
り、山上の説教に収録したイエスの言葉には、沢山の譬えが使用されてい
る。山上の説教冒頭にはマカリズム（幸いの宣言）が置かれている（マ
タ 5:3–12）。この語録は基本的には Q 資料から採用されているが（ル
カ 6:20–23 を参照）、マタイが加えた編集によって、元々は直接的な表
現が象徴性を帯びて譬えに転化する現象が観察される[157]。例えば、貧し
い者の幸いを語るマカリズムにマタイは「霊において」という句を付け
加えた（マタ 5:3 とルカ 6:20 を参照）。ルカが伝えるマカリズムは文字
通り経済的に貧しい者の幸いを語っている（ルカ 6:20）。しかし、「霊に
おいて貧しい」という句になると（死海写本『感謝の詩編』6.3;『戦いの
書』14.7 を参照）、「貧しさ」の内容が精神化・倫理化され、神の前に自
らを低くする敬虔さを指す譬えとなる[158]。このように貧しさを敬虔さの象
徴として用いることは詩編に見られ（詩 14[13]:6; 35[34]:10; 86[85]:1;
109[108]:22）、死海写本やマタイ福音書に引き継がれている[159]。「霊にお
いて貧しい」という表現は、マタイ福音書の読者には理解が容易な譬えで
あったと考えられる。

　他方、マタイは「飢え渇く」という句の前に「義」という句を付け加え
て、「義に飢え渇く」としている（マタ 5:6）。このマカリズムは並行箇所

157　Baasland, *Parables and Rhetoric*, 66.

158　Gnilka, *Matthäusevangelium*, 1:120–122; Davies/Allison, *Saint Matthew*,
　　　1:443–444; Luz, *Matthäus*, 1:278–279; M. Konradt, *Das Evangelium nach*
　　　Matthäus (NTD 1; Göttingen: Vandenhoeck & Ruprecht, 2015), 68.

159　Luz, *Matthäus*, 1:278–279; Baasland, *Parables and Rhetoric*, 54–57.

のルカ 6:21 に保存されている Q 資料の原本では、文字通り食べる物や水がなく飢え渇いている者が満たされることを幸いとしているが、マタイは「義に」という言葉を加えることによって、正義を求める精神的渇望を指す譬えに転化させている[160]。

　山上の説教において、イエスは弟子たちが「地の塩」（マタ 5:13）、「世の光」（5:14, 16）であると宣言している。これらの譬えはメタファーであり、イエスを信じる者が社会の中で果たす機能を塩や（マコ 9:49–50; ルカ 6:22; 14:34）、光（マコ 4:21; ルカ 8:16; 11:33）といった身近な物質や物理現象に譬えている[161]。これらは直説法現在形で書かれており、事実を述べる文章形式を取っているが、特に弟子たちに向けられた言葉であり、そのような存在になるようにという勧告的意味もこめられている[162]。

　Q 資料に由来する「天に富を積む譬え」（マタ 6:19–21 ／ルカ 12:33）は、知恵文学的な格言の形式を採った言葉である[163]。この譬えは富を得るために奮闘するよりも、神の御心に従って貧しい者への施しをすることを勧めている。「天に富を積む」（マタ 6:20 ／ルカ 12:33b）ことが、神の御心に従って貧しい者のために施しをすることのメタファーとして使われることは、ユダヤ教文書の倫理的勧告にもしばしば見られる（トビ 4:9; IV エズ 6:5; シラ 29:10–13）[164]。結びの句「あなたの宝があるところに、あなたの心もあるからである」（マタ 6:21; ルカ 12:33c）は、「天に富を積

160　Davies/Allison, *Saint Matthew*, 1:451–452; Luz, *Matthäus*, 1:283–284.

161　Baasland, *Parables and Rhetoric*, 87–123 (esp.121–122).

162　Luz, *Matthäus*, 1:300; Konradt, *Matthäus*, 72–73; Baasland, *Parables and Rhetoric*, 89.

163　R. Bultmann, *Die Geschichte der synoptischen Tradition* (10. Auflage; Göttingen: Vandenhoeck & Ruprecht, 1995), 81, 87; Baasland, *Parables and Rhetoric*, 324–325.

164　Hagner, *Matthew*, 1:157–158; Luz, *Matthäus*, 1:464–465; Konradt, *Matthäus*, 112; Baasland, *Parables and Rhetoric*, 332–333.

む」ことが根本的な価値観に関わる問題であることを強調している。

「体の灯りの譬え」（マタ 6:22–23 ／ルカ 11:34–35）も、Q 資料に由来する語録である。「目は体の灯りである」（マタ 6:22a）という譬えは、目という器官が体の中で視覚を受け持っていることから、体全体を明るくする「灯り」と同視している（詩 38[37]:11; 箴 15:30; ダニ 10:6; トビ 10:5; 11:14; エチ・エノ 106:2 を参照）。この語録は当時の地中海世界に流布していた身体論を反映しているような印象を受ける（プラトン『国家』6.508B; プリニウス『博物誌』11.139–157; フィロン『アブラハム』156 を参照）[165]。語録の後半部（マタ 6:22b–23）は、目の良し悪しが、体全体の明るさを左右すると述べるが、ここでは目が物事の善し悪しを認識する能力を指すメタファーとなっている（マタ 20:15; マコ 7:22; 『ミシュナ』「アボート」2.9, 11; 5.19 を参照）[166]。Q 資料はこの章句を倫理的勧告として使用しているが、光はしばしば真理を象徴するので（ヨハ 1:4–5, 9; 8:12; 9:5; 12:35 を参照）、目は光である真理を認識し、相応しい歩みを導き出す能力のメタファーとなっている（ヨハ 11:10; エフェ 1:18 を参照）[167]。

「目の中の塵と梁の譬え」（マタ 7:3–5 ／ルカ 6:41–42）は Q 資料に由来する（トマ福 26 に並行伝承が見られる）[168]。「目の中の梁」は誇張し

---

165 E. E. Popkes, "Das Auge als Lampe des Körpers (Vom Auge als des Leibes Licht). Q 11,34f. (Mt 6,22f./Lk 11,34–36/EvTom 24)," in Zimmermann ed., *Kompendium*, 140–141; Baasland, *Parables and Rhetoric*, 349–350.

166 Gnilka, *Matthäusevangelium*, 1:242; Luz, *Matthäus*, 1:466; H. D. Betz, *The Sermon on the Mount*, Hermeneia (Minneapolis: Fortress, 1995), 433–435; Konradt, *Matthäus*, 112; Baasland, *Parables and Rhetoric*, 350.

167 Ibid., 141; Fitzmyer, *Luke*, 2:539–540; Nolland, *Luke*, 2:657; Bock, *Luke*, 2:1100–1101.

168 Robinson et al., *The Critical Edition of Q*, 80–83; Roth, *The Parables in Q*, 352–36; 山田『Q 文書』、30–31 頁を参照。

た表現を用いて人間が自分自身の過ちに気付きにくい傾向を指摘してい
る[169]。この譬えは二人称複数形で書かれている前後の文脈とは異なり（マ
タ 7:1–2, 6–16 を参照）、二人称単数形で書かれており、聴き手の一人一
人に対して、語られていることを心に銘記することを求めている。強い
印象を与えるために事柄を誇張（ὑπερβολή, hyperbole）することも修辞
法としてある程度は許容されていた（クウィンティリアヌス『弁論家の
教育』8.6.68–76）。ただし、言論の信頼性を保つためには、誇張は限度
を超えてはならないとされていた（『弁論家の教育』8.6.73）[170]。誇張は極
端な表現として聴衆の笑いを誘うことが多い（『弁論家の教育』8.6.74）。
「目の中の梁の譬え」には、機知に富んだ誇張表現によって聴衆の笑いを
誘うイエスのユーモアが込められているのではないだろうか。

　「狭い門から入る譬え」（マタ 7:13–14 ／ルカ 13:24）も、Q 資料から
採られた言葉である。マタイ版の語録はいのちに到る道に続く狭い門から
入ることと、滅びに到る道に続く広い門から入ることに対比して、聞く者
に狭い門から入るように勧めている。二つの対照的な行動の可能性を示し
てその片方を選択するように迫ることは、知恵文学によく見られる語り方
である（箴 2:7–15; 2:21–22; 28:6–12; 知 5:1–8 を参照）。この語録が山
上の説教の中に置かれたことにより、「狭い門から入る」ことはイエスの
教えに従って生きることを、「広い門から入る」ことは、ファリサイ派や
律法学者たちの教えに従って生きることを象徴することになる[171]。

　「良い木は良い実を結び、悪い木は悪い実を結ぶ譬え」（マタ 7:17–18

169　Gnilka, *Matthäusevangelium*, 1:257; Betz, *The Sermon on the Mount*, 492;
　　　Hagner, *Matthew*, 1:169; Osborne, *Matthew*, 258; Baasland, *Parables and
　　　Rhetoric*, 435–437.

170　Lausberg, *Handbuch*, §909.

171　Hagner, *Matthew*, 1:179–180; Davies/Allison, *Saint Matthew*, 1:699; Luz,
　　　Matthäus, 1:519; Betz, *The Sermon on the Mount*, 523.

／ルカ 6:43–45）も Q 資料から採られている[172]。木の種類によって付ける実が定まっており、特定の種類の木が違う種類の木の実を結ぶことがないことは、自然世界の観察から得られる経験則である（エピクテトス『提要』2.20.18–20; プルタルコス『モラリア』472F; ヤコ 3:12)[173]。しかし、この Q 資料の譬えはさらに、倫理的行動を結実に譬える旧約聖書の文学的伝統を踏まえているので（詩 1:3; 92:13–14; 箴 11:30; イザ 3:10; エレ 17:8, 10 を参照）、良いことをする（＝実を結ぶ）ことを勧める倫理的勧告となっている[174]。マタイはこの譬えを、「羊の皮をまとった狼」に譬えられる偽預言者を警戒するように勧める言葉（マタ 7:15–16）の直後に置いており、ここでは良い木は本物の預言者であることを、悪い木とは偽物の預言者であることを語るメタファーとされている[175]。他方、ルカはこの譬えの後に、「木はそれぞれ結ぶ実によって分かる」という格言を置いた後に（ルカ 6:44; さらに、マタ 7:16 を参照）、「善い人は良いものを入れた心の倉から良いものを取り出し、悪い人は悪いものを入れた倉から悪いものを取り出す」と述べている（ルカ 6:45; さらに、マタ 12:35 を参照）。マタイが人間の倫理性の表れである振る舞いを本物の預言者と偽預言者を見分ける基準に転用しているのに対して（マタ 7:15–16）、ルカは Q 資料の原本に従って、心の在り方と振る舞いの相関関係を強調して、善い業を生み出す善い心を持つ存在となるように勧めている[176]。

172　マタ 7:19–20 は福音書記者マタイによって付加された編集句である（マタ 3:10; 7:16 を参照）。

173　Roth, *The Parables in Q*, 243–245; 山田『Q 文書』、173 頁を参照。

174　Baasland, *Parables and Rhetoric*, 531, 534–535; Roth, *The Parables in Q*, 243–245; 山田『Q 文書』、173 頁を参照。

175　Betz, *The Sermon on the Mount*, 537–538; Osborne, *Matthew*, 272; Konradt, *Matthäus*, 126–127.

176　Klein, *Lukasevangelium*, 264; D. Starnitze, "Von den Früchten und dem Sprechen des Herzens (Vom Baum und seinen Früchten): Q 6,43–45 (Mt

「広場で遊ぶ子供たちの譬え」も（マタ 11:16–19 ／ルカ 7:31–32）、Q 資料に由来する[177]。この語録は導入句の文言が示すように福音書記者によって譬えと認識されている[178]。冒頭に置かれているマタ 11:16 は、修辞的疑問文（11:16a「この世代を誰に比べようか？ 彼らは誰に似ているのであろうか？」）とそれに対する答え（11:16b「彼らは広場に座って互いに呼び合う子供たちに似ている」）からなっている（ルカ 7:31 を参照）。それに続く、「僕らは君たちに笛を吹いたのに君たちは踊ってくれず、哀歌を歌ったのに、君たちは泣かなかった」という子供たちの言葉は（マタ 11:17）、メタフォリカルな性格を持っており、洗礼者やイエスの宣教の言葉を聞いても応答しない人々を念頭に置いて非難している[179]。譬えに付加された解釈句の 11:18–19ab は譬えが、人々が洗礼者やイエスを受け入れないことに言及していることを確認し、11:19c は知恵に関する格言を引用して洗礼者やイエスの宣教の正当性を強調している[180]。

ルカ福音書においてもイエスは度々譬えを用いて語っている。ルカ 4:23 において、イエスはナザレの会堂説教において会衆に対して、「あなた方は必ず私に、『医者よ、自分自身を癒やしなさい』という諺を語って、『カファルナウムで行ったと聞いていることをすべて、ここ、あなたの故郷でも行いなさい』と言うであろう」と告げている。この言葉はイエスの説教に感嘆したものの、説教者が良く知っている「ヨセフの子」であった

　　　7,16–20/Lk 6,43–45/EvThom 45),” in Zimmerman ed., *Kompendium*, 85–86; Roth, *The Parables in Q*, 245.

177　Robinson et al., *The Critical Edition of Q*, 140–143; Roth, *The Parables in Q*, 146–164; 山田『Q 文書』、42–43 頁を参照。

178　P. Müller, “Vom misslingenden Spiel (Von den spielenden Kindern): Q 7,31–35 (Mt 11,16–19/Lk 7,31–35),” in Zimmermann ed., *Kompendium*, 100.

179　Roth, *The Parables in Q*, 149 を参照。

180　Roth, *The Parables in Q*, 156–164.

ので、イエスを受け入れることをためらっている会衆の心中を推し量って
先取り的に語られている（マコ 6:3 を参照）。『医者よ、自分自身を癒やし
なさい』という言葉は他の共観福音書には見られないが、トマス福音書
に並行伝承が伝えられている（トマ福 31）。ルカ福音書はこの言葉をパラ
ボレー（παραβολή）と呼んでいる。名詞 παραβολή は「譬え」と共に
「諺」という意味も持っており、この言葉が人口に膾炙した格言であった
ことを示唆している[181]。この語録は元々は医者の信頼性を問題にした言葉
であると考えられる。自分自身の病を癒すことができない医者は、他人の
病気を診断し、治す能力を持っているかどうか疑わしいからである[182]。

　イエスは他の機会に、罪人を招き回心させる自らの宣教の業を病人を治
療する医者の仕事に譬えている（マコ 2:17; ルカ 5:30）。これに対して、
今回のイエスの言葉によるとナザレの村人たちは、諺が言及する医者の自
己治療活動を、宣教者が奇跡を行って身近な故郷の人々を癒やすことの譬
えと解釈し、イエスに奇跡を行うことを心の中で求めていた。なお、ルカ
福音書によるとイエスは直後の 24 節で、「預言者はその郷里で歓迎され
ることはない」という格言を引用しており、イエスを受け入れようとしな
いナザレの人々の態度を、郷里における預言者拒否の伝統に結び付けて
非難している（マコ 6:4; トマ福 31 も参照）。イエスは郷里で人々の期待
に応えて癒しの奇跡を行うことを、旧約時代の預言者エリヤやエリシャ
の例を引きながら断固拒否したので、人々は激高することになる（ルカ
4:25–29）。

181　Fitzmyer, *Luke*, 1:535; Bock, *Luke*, 1:416; Bovon, *Lukasevangelium*, 1:214;
　　　Klein, *Lukasevangelium*, 190; 嶺重『ルカ福音書』、1:177 頁を参照。

182　Klein, *Lukasevangelium*, 191; Wolter, *Lukasevangelium*, 196; E. Esch-
　　　Wermeling, "Kein Heimvorteil für den Heiler Lk 4,23," in R. Zimmermann
　　　ed., *Kompendium der Gleichnisse Jesu* (2. korrigierte und um Literatur
　　　ergänzte Auflage; Gütersloh: Gütersloher Verlagshaus, 2015), 526–527.

ルカ福音書 6 章の平野の説教には譬えが次々に出てくる。最初に出てくる「盲人の道案内の譬え」（マタ 15:14 ／ルカ 6:39）は Q 資料に由来する（トマ福 34 も参照）[183]。ルカ福音書はこの言葉を譬え（παραβολή）と認識し、読者にそう告げている（ルカ 6:39 を参照）。この譬えの「盲人が道案内になることができるのだろうか？　二人とも穴に落ちるのではないだろうか？」という文言には欠落があり、マタ 15:14 では、「盲人が盲人の道案内をすれば」という仮定文が、二つの修辞的疑問文の間に挿入されている。この譬えでは、視覚障害が真理に関する盲目性を象徴しており（プラトン『国家』6.506c; 7.518c; クセノフォン『ソークラテスの思い出』1.3.4; イザ 6:10; 29:9; 42:18; ヨハ 9:39–41 を参照）、弟子たちに対して真理に対して目を開いて正しい認識を持つことの大切さを強調している[184]。この譬えはマタイ福音書ではユダヤ教の指導者批判の文脈で用いられ（マタ 15:4; 23:16, 24）、真理を知らずに人々を導いている指導者へのアイロニーをこめた発言となっている[185]。

「灯火の譬え」（ルカ 8:16–18）は基本的にはマルコ原本に依拠しているが（マコ 4:21–25）、「秤の譬え」（マコ 4:24）の部分は省略している[186]。ルカは恐らくこの部分は主題的に異質であり、削除した方が一貫した記述になると考えたのであろう。灯火は燭台の上に置いて部屋を照らすために

183　Robinson et al., *The Critical Edition of Q*, 76–77; Roth, *The Parables in Q*, 190–197; 山田『Q 文書』、30–31 頁を参照。

184　Roth, *The Parables in Q*, 194; Klein, *Lukasevangelium*, 263; 嶺重『ルカ福音書』、1:290 頁を参照。

185　G. Kern, "Absturzgefahr (Vom Blinden als Blindenführer): Q 6,39 (Mt 15,14/ Lk 6,39/EvThom 34)," in Zimmermann ed., *Kompendium*, 63–65; Roth, *The Parables in Q*, 190.

186　Q 資料に由来する「灯火の譬え」の並行伝承はルカ 11:33（マタ 5:15 を参照）に引用されている。

あるものであり、器で隠したり、寝台の下のように見えないところに置く
ものではない（ルカ 8:16; さらに、マコ 4:21 を参照）。この譬えにおける
灯火は真理を伝える福音の言葉の象徴であり、それは自ずと明らかにな
り、隠すことはできない（ルカ 8:17; 12:2）[187]。

　弟子たちに対してなされた第 1 回の受難予告の後に（マコ 8:31–33 並
行）、イエスは群衆を弟子たちと共に呼び寄せて、「自分の十字架を負って
私に従って来なさい」と述べている（マコ 8:34 並行）。当時は囚人が自
分の十字架を背負わされて刑場に連行される慣行があり、後にイエス自身
が自分の十字架を背負わされるが、弱ったイエスに代わってキレネ人シ
モンが十字架を背負ってゴルゴタへ向かうこととなる（マコ 14:21–22 並
行）。「自分の十字架を背負ってイエスに従う」とは、イエスを信じる者が
直面することになる様々な困難や苦難を象徴している[188]。この句は初代教
会が形成した伝承であり、イエスの死と復活後の教会の信徒たちが、信仰
故に負うことになる様々な苦難をイエスに従う者の宿命として引き受ける
ことを意味している[189]。この譬えの意味はイエスの受難を記憶する信徒た
ちには、自明であり、説明を要しないものであった。

エルサレムへの旅の途上で語られた譬え

　マコ 9:30–10:52 はイエスが弟子たちと共に行った旅の記事である。イ
エスは旅の途上、弟子たちに様々な教えを与えた。イエスは教えの中でし
ばしば譬えを用いている。例えば、イエスは弟子たちに「自分自身の内に
塩を持ちなさい」と勧めている（マコ 9:50）。この句の後に「そして、互

187　Jülicher, *Die Gleichnisreden Jesu*, 2:86; Dodd, *The Parables of the Kingdom*,
　　　144; Fitzmyer, *Luke*, 1:718; Bock, *Luke*, 1:744–745; Bovon, *Lukasevangelium*,
　　　1:415–416; Klein, *Lukasevangelium*, 310; Garland, *Luke*, 346.

188　Gnilka, *Markus*, 2:23; Collins, *Mark*, 408.

189　Pesch, *Markusevangelium*, 2:60; Bock, *Mark*, 245.

いに平和に過ごしなさい」という言葉が続いているので、平和な対人行動
を生み出すような弟子たちの平静な心の在り方を塩付けることに譬えてい
ることが分かる。塩（ἅλας）は生活に不可欠な物資であり、食物に味を
付ける働きと食物を保存する働きとがある。旧約聖書には両方の働きに言
及がある[190]。ヨブ 6:6 は卵のように味がないものに味を付ける調味料とし
ての塩の働きを語る。他方、祭儀で捧げる犠牲に塩を掛ける習慣があった
（レビ 2:13; エゼ 43:24）。これは塩の殺菌作用を前提にした清めの意味で
あろう。「塩の契約」（民 18:19; 代下 13:5）は、塩の保存作用によって永
続する契約という意味である。「自分自身の内に塩を持つ」とは、心を腐
敗から守ることをも含意しているであろう[191]。

　金持ちの青年が、すべての財産を売り払って貧しい人々に施しを行
うようにとの勧めに従うことができなかったエピソードの後に（マコ
10:17–22 並行）、イエスは弟子たちに財産と神の国に入ることとの関係
についての教えを与えている（マコ 10:23–27 並行）。その中でイエスは、
「ラクダが針の穴を通る方が、金持ちが神の国に入るよりも容易い」と述
べる（マコ 10:25 並行）。ここでは、「ラクダが針の穴を通る」ことは不
可能なことの象徴として用いられている。この誇張した表現は、当時のユ
ダヤ人社会で不可能なことを表す決まり文句となっていたと考えられる
が、その意味は弟子たちにもマルコ福音書の読者にも明らかであった。

　栄光を受ける時には、その右と左に座らせて欲しいというゼベダイの子
らの願いに対してイエスは、「私が飲むことになる杯から飲み、私が受け
ることになっている洗礼を受けることができるか」と問い返している（マ
コ 10:38 並行）。この問答はエルサレム入城の直前になされており、イエ

190　J. F. Ross, "Salt," *IDB* 4:167–168; C. G. Browning, "Salt," *NIDB* 5:44–45.

191　Marcus, *Mark*, 2:693,698–699; Collins, *Mark*, 455; France, *Mark*, 384–
　　385.

スが飲むことになる杯と受けることになる洗礼とは、受難と死のことを指していることは受難物語の読者には明らかである。しかし、物語の登場人物であるヤコブとヨハネにはこの時点では明確でなく、意味が良く分からないままに「できます」と答えているが（マコ 10:39 並行）、後に自分たち自身の言葉に反して彼らは他の弟子たちと共にイエスの逮捕の場面で逃げ去ることになる（マコ 14:50 並行）。

Q 資料に由来する「刈り入れの譬え」（マタ 9:37–38／ルカ 10:2）は、ルカ福音書ではイエスが弟子たちに語った宣教派遣の説教の冒頭に置かれている（ルカ 10:2–16）。譬えの前半（10:2a）は宣教者を意味する「働き人（ἐργάτης）」が少ないと主張し、後半（10:2b）は「刈り入れの主」である神により多くの宣教者の派遣を求める祈りの勧めとなっている。鎌を入れる収穫の時は旧約聖書においても（イザ 18:5; エレ 51:33; ホセ 6:11; ヨエ 4:13）、新約聖書においても（マタ 13:30, 39–43; 黙 14:14–20 を参照）終末の裁きの象徴となることが多い[192]。しかし、豊かな収穫を神の祝福のしるしと見なす伝統や（創 26:12; レビ 25:21）、刈り入れによる収穫の喜びを語る表象も旧約聖書には存在している（詩 126:5–6）。「刈り入れの譬え」における刈り入れのイメージも、宣教活動によって回心者が得られることに関して用いられており、神の国の救いのメタファーとなっている（マタ 9:37–38; ルカ 10:2; ヨハ 4:35–36）[193]。

---

192 Weder, *Die Gleichnisse Jesu als Metaphern*, 119; Scott, *Hear then the Parable*, 369–370; Hultgren, *The Parables*, 388; Klein, *Lukasevangelium*, 376 n.39; Dormeyer, "Mut zur Selbst-Entlastung," 319–320, 322–323; Roth, *The Parables in Q*, 282; 山田『Q 文書』、201 頁を参照。

193 Fitzmyer, *Luke*, 2:846; Nolland, *Luke*, 2:550–551; Bovon, *Lukasevangelium*, 2:50; A. Dettwiler, "Das Gleichnis von der selbstwachsenden Saat," in J. Frey/E. M. Jonas eds., *Gleichnisse verstehen. Ein Gespräch mit Hans Weder*, BTS 175 (Göttingen: Vandenhoeck & Ruprecht, 2018), 80, 86–87.

Q 資料に由来する「父親への願いの譬え」（マタ 7:9–10 ／ルカ 11:11–12）もルカ福音書ではエルサレムへ向かう旅の記事の中に出てくる。ルカはこの譬えを祈り求めることを勧める勧告（11:9–13）の一環として、祈りについての弟子たちへの教えの中に置いている（ルカ 11:1–13）。他方、マタイはこの譬えを山上の説教（マタ 5:3–7:27）の後半部に置いており、説教を聴いた者が一心に祈り求めることを勧める勧告（7:7–11）の一部としている。ルカ版の語録においてもマタイ版においてもこの譬えに先立って、祈り求めることを勧める格言が置かれている（ルカ 11:9–10; マタ 7:7–8）。譬えは「あなた方の内の父親の誰が……だろうか？」という修辞的疑問文によって提示され、聴衆に自分自身のこととして考えるように促している（ルカ 11:11–12; マタ 7:9–10）[194]。マタイ版の譬えとルカ版の譬えは、「パンに代えて石」（マタ 7:9）が、「卵に代えてさそり」（ルカ 11:12）に変わっている点と、神が与える「良いもの」（マタ 7:11）が「聖霊」（ルカ 11:13）に変わっている点で異なっている。

譬えの後には、人間の父親が天の父なる神のメタファーであることを示す解釈句が置かれ（ルカ 11:13; マタ 7:11 を参照）、父親が子供に良いものを与えるように、天の父である神は祈り求める者に決して有害なものを与えることなく、良いものを与えて下さることが格言風の言葉によって強調される[195]。ここには、小から大へ（a minore ad maius）の推論の手法が使用されている[196]。この推論は修辞学の推論法にも（クウィンティリアヌス『弁論家の教育』5.10.87）[197]、ラビ的議論法にも（『ミシュナ』「ア

194　Roth, *The Parables in Q*, 365.

195　Roth, *The Parables in Q*, 366; Fitzmyer, *Luke*, 2:914; Nolland, *Luke*, 2:631–632.

196　Bock, *Luke*, 2:1061–1062; Wolter, *Lukasevangelium*, 414; Roth, *The Parables in Q*, 372.

197　H. Lausberg, *Handbuch der literarishen Rhetorik* (4. Aufl.; Stuttgart: Franz

ボート」1.5）合致する。

　この格言（ルカ 11:9–10）と譬え（11:11–13）は既に Q 資料の段階で結合していた（マタ 7:7–11 を参照）。Q 教団は既にこのイエスの語録を願うことを遠慮せず神に祈り求めることの譬えと解釈しており、それを福音書記者たちが継承したことが分かる。なお、父親が子に求められて与える可能性として挙げられている良いもの（魚、パン、卵）と悪しきもの（蛇、石、さそり）の対照は極端であり、非常に奇抜な譬えとして、聞いた者は決して忘れることができない強い印象を受けたと考えられる[198]。

　「灯りと燭台の譬え」（ルカ 11:33）はマタ 5:15 に並行箇所があり、Q 資料に由来する語録である[199]。この語録はマコ 4:21; ルカ 8:16; トマ福 33 にも並行伝承が見られるので、広い範囲で流布したことを示している。マタイは弟子たちを光と呼ぶメタファーとこの譬えを結合し、人々の前で光を輝かす勧めを語っているが（マタ 5:14–16）、ルカはこの譬えと「体の灯りの譬え」（ルカ 11:34–35）を並べて引用し、灯りについての語群を形成している。この語録は火を点した灯りは隠れたところに置くのでなく、よく見えるように燭台の上に置く生活習慣を前提にしているが、「灯り」は「異邦人の啓示の光」（ルカ 2:32）であるイエスへの信仰に根ざした人生を象徴し、「灯りを燭台の上に置く」とは人々の間でイエスへの信仰を持っていることを隠さず、明らかにすることを指している（ルカ 8:16–17 を参照）。

エルサレムで語られた譬え

　イエスはエルサレム入城後、エルサレムの神殿の庭で教えを語ったが、

　　　Steiner Verlag, 2008), §397 を参照。

198　Bovon, *Lukasevangelium*, 2:155.

199　Robinson et al., *The Critical Edition of Q*, 256–257; Roth, *The Parables in Q*, 265–273; 山田『Q 文書』、68–69 頁を参照。

その時に神殿の庭で犠牲の動物を売ったり、両替をしたりする商人を追い出した（マコ 11:15–16 並行）。この宮清めの行動の根拠として、神殿は「祈りの家」と呼ばれる場所なのに（イザ 56:7）、彼らが騒がしい「強盗の巣窟」に変えてしまっているとイエスは主張した（マコ 11:17 並行）。「強盗の巣窟」という句は、神殿崩壊を預言したエレミヤの言葉の中に出てくる譬えであり（エレ 7:11 を参照）、日常生活において非倫理的行動を行っていながら、神殿を頼みとするイスラエルの人々に対して厳しく警告している[200]。

　「イチジクの木の譬え」（マコ 13:28–29 並行）は、終末の時の接近を知るためのしるしについて語っている。この短い譬えはマルコ福音書では、小黙示録と呼ばれる終末を迎える者の心構えについての教説の一部を形成している（マコ 13:3–37）。この譬えは、「イチジクからこの譬えを学びなさい」という勧めによって導入されている（13:28a）。イスラエル人はイチジクの木の枝が葉を付けると夏の季節の到来が近いことを知っている（13:28b）。同様に、先行する箇所が述べている社会的混乱や戦乱や災害等の異常な出来事の勃発は（13:3–23 を参照）、終わりの時における人の子の到来が近いことを知るためのしるし（13:24–27）として機能するのである（13:29–31）。結びの言葉は強調した告知定式であるアーメンで導かれ、終末が来る前に異常な出来事が起こる必然性と神の言葉の永遠性を宣言している（マタ 13:30–31 並行を参照）。

ヨハネ福音書中のイエスの譬え

　ヨハネ福音書が伝えるイエスの発言の中にも譬えは度々使用されている。例えば、イエスはファリサイ派に属する議員であるニコデモとの対話において（ヨハ 3:1–15）、「新たに（上より、再び）生まれる」という

200　Marcus, *Mark*, 2:784; Collins, *Mark*, 531.

譬えを用いている（3:3, 7）。この表現は洗礼によって霊的な新生の機会
を与えられることを指している[201]。このことは、回心と受洗を経験した
信徒には容易く理解される（テト 3:5; I ペト 1:3, 23; I ヨハ 3:9; 4:7; 5:1,
4 を参照）[202]。しかし、対話者のニコデモはこの表現の指示内容を理解せ
ず、成人した人間がもう一度母の胎から生まれることと誤解した（ヨハ
3:4）[203]。

ヨハネ福音書 4 章において、イエスはサマリアのシカルの町の井戸の
ほとりで、水を汲みに来たサマリア人女性と会話を行い（4:7–26）、信じ
る者にイエスが与える「活ける水」に言及する（4:10, 13–14）。この譬え
は井戸からわき出る水のイメージを借りて、イエスが信徒の心の渇きを癒
す力の源泉であることを述べるメタファーである[204]。

旧約聖書のイザヤの預言は、渇く者が来て飲むように勧めるヤハウェの
言葉を提示している（イザ 55:1; さらに、43:19–20; 49:10 も参照）。エ
レミヤはヤハウェが「活けるいのち水の源」であると述べている（エレ
2:13; 17:13; 詩 42:2）。また、知恵文学には、知恵をいのちの水の源に

201　Bultmann, *Das Evangelium des Johannes*, 97–98; Schnackenburg, *Das Johannesevangelium*, 1:383; Thomas Popp, "Das Entscheidende kommt von oben (Geburt von oben): Joh 3,3–7 (Arg 53)," in Zimmermann ed., *Kompendium*, 720–721.

202　Brown, *John*, 1:138; Zumstein, *Das Johannesevangelium*, 139; Schnelle, *Das Evangelium nach Johannes*, 101; Popp, "Das Entscheidende kommt von oben," 722–723.

203　Herbert Leroy, *Rätsel und Missverständnis. Ein Beitrag zur Formgeschichte des Johannesevangeliums,* BBB 30 (Bonn: Peter Hanstein, 1968), 133–136.

204　Craig R. Koester, "Wasser ist nicht gleich Wasser (Vom lebendigen Wasser): Joh 4,13f. (Joh 7,37f./Arg 58)," in Zimmermann ed., *Kompendium*, 731–732, 735.

譬える伝統がある（箴 13:14; シラ 15:3; 24:21–22, 30–31）。これらの旧
約・ユダヤ教の文学的伝統が「活ける水」の譬えの背後に存在しているの
は明白である[205]。他方、旧約預言には霊の付与を注水作業に譬える伝統が
ある（イザ 44:3–4; エゼ 36:25–27; ヨエ 3:1–2 を参照）。また、ヨハネ福
音書 7 章は人の心から流れ出す水とは信じる者が受ける聖霊のことであ
るとしており（7:37–39）、福音書物語の先を読み続ける読者は譬えの意
味を理解する鍵が与えられることとなる[206]。しかし、福音書の登場人物で
あるサマリア人女性にはそのことは明らかでなく、井戸の水のことを言っ
ていると誤解し続けている（4:11–12, 15）[207]。

　ヨハネ福音書 6 章においてイエスはユダヤ人聴衆に対して、自ら
が「天から降ってきたパン」であると宣言する（ヨハ 6:32–33, 35, 41,
48, 51）。この譬えは荒野でヤハウェが天からマナを降らせてイスラエ
ルの民を養った故事を前提に（出 16:4–35; ネヘ 9:15; 詩 78[77]:24;
105[104]:40; 知 16:20）、神の子イエスが人となって世界に到来したこ
との意義を示すために創り出されたメタファーである（ヨハ 1:14 を参
照）[208]。ユダヤ人聴衆はこの譬えを理解しようとしなかったが、それはナ
ザレのイエスという地上的出自を知っているために「天から降って来た」
ことを受け入れることができず、荒野でモーセに逆らった先祖たちのよう

205　Brown, *John*, 1:178; Schnackenburg, *Das Johannesevangelium*, 1:463;
　　　Zimmermann, *Christologie*, 145–146; Schnelle, *Das Evangelium nach Johannes*,
　　　122; Koester, "Wasser ist nicht gleich Wasser (Vom lebendigen Wasser)," 734.

206　Brown, *John*, 1:179; Zimmermann, *Christologie*, 146–147, 149–153.

207　Leroy, *Rätsel und Missverständnis*, 96–99; Koester, "Wasser ist nicht gleich
　　　Wasser (Vom lebendigen Wasser)," 731.

208　Jan G. van der Watt, "Ein himmlisches Gericht (Vom Brot des Lebens):
　　　Joh 6,32–40.48–51" in Zimmermann ed., *Kompendium*, 756–761; Zimmer-
　　　mann, *Christologie*, 129.

に「呟いた」からである（出 16:2–3 とヨハ 6:41–42 を参照）[209]。イエスの言葉に躓いた人々は、天から降って来たパンであるイエスを食する者は永遠の命に到るとするイエスの言葉を（6:51–52, 53–57）、人肉を食べることを勧める言葉と誤解して躓いてしまい、イエスのもとを去って行った（6:52, 60–66）。

　物語の読者であるヨハネ共同体に属する者たちは、キリストの死と復活によって成立したキリスト教信仰に生きる者たちであった（ヨハ 20:19–29; 21:1–23 を参照）。ヨハネ福音書は聖餐の設定辞を明示的な形で引用することはしていないが、ヨハネ共同体は初代教会に遡る聖餐伝承（マコ 14:22–25 並行；I コリ 11:23–26 を参照）を知っており、洗礼と聖餐を施していたと想定される。少し後に書かれた I ヨハネ書は、イエスが通ってきた「水と血」に言及している（I ヨハ 5:6–7）。聖餐式において陪餐者は、キリストの体であるパンを食べ、キリストの血である葡萄酒を飲むのであるから（マコ 14:22–25 並行；I コリ 11:23–26）、ヨハネ共同体の信徒たちにとって、「人の子イエスの肉を食べ、その血を飲む」という表現の象徴的次元を理解し、世の罪を贖うために十字架に掛けられたイエスの体と血を想起することは容易であった[210]。ここで語られているイエスの譬えを理解することは、物語の文脈だけでは困難であるが、イエスの死と復活によって成立した教会の聖餐式の伝統を知っている者には解釈の鍵が与えられているということになる。

209　Leroy, *Rätsel und Missverständnis*, 107–109.

210　Brown, *John*, 1:284–285; Schnackenburg, *Das Johannesevangelium*, 2:88–89; Zumstein, *Das Johannesevangelium*, 269–270, 273–274; Schnelle, *Das Evangelium nach Johannes*, 177–178 を参照。なお、Bultmann, *Das Evangelium des Johannes*, 161–162 はヨハ 6:27–59 の部分全体を教会的改訂者の筆に帰しているが、6:27–50 の部分は福音書記者に遡ると考えられる。後の加筆は、6:51–59 の部分に限定される。

ヨハネ 8 章において、イエスは神殿の庭において集まった人々に対して、「私は世の光である。私に従う者は闇の中を歩むことなく、命の光を持つであろう」と宣言している（ヨハ 8:12）。キリストが暗闇の中に輝く光であることは、語り手によって既にロゴス讃歌の中で言われており（1:4, 5, 9）、物語の読者には知られている事柄であるが、ここでは物語の登場人物たちに対して初めて宣言され、そのことを受け入れ、イエスを信じることを迫っている。この宣言は神殿の庭でユダヤ人民衆に対してなされており、過去に神殿の庭でなされたエレミヤの預言と同様に（エレ 7:1–15; 26:1–6）、イスラエル全体への語り掛けとなっている。この譬えは、「エゴー・エイミ（ἐγώ εἰμι）」という定式により開始されており、イエスの自己啓示の言葉であることを明確に示している（トマ福 77:1 を参照）。後半の「私に従う者は闇の中を歩むことなく、命の光を持つであろう」という部分は、イエスを従う者に命の光を持つようになることを約束して（ヨハ 12:35–36 を参照）、言葉を聞いた者にイエスを信じるように促している[211]。闇の中を歩く者が光を見るという譬えは、イザヤのメシア預言の中に使われているし（イザ 9:1）、第二イザヤの預言では主の僕が「諸々の民の光」となるとされている（42:6; 49:6）。しかし、イエスこそが闇の中で輝く光であることを認めるには、イエスを神の子であり、真理の啓示者であることを信じる信仰が必要になる。

　イエスはさらに教えを展開し、言葉を続けるが、「真理はあなた方を自由にする」と述べたときに（ヨハ 8:32）、ユダヤ人聴衆はこの自由が罪からの自由を意味することを理解せず、社会的・法的意味で使用されていると誤解して、イエスの言葉を受け入れることを拒否している（8:33–38）[212]。ここでも、譬えの象徴的な次元を理解せず、字義通りの意味に固

211　Bultmann, *Das Evangelium des Johannes*, 260–261; Schnackenburg, *Das Johannesevangelium*, 2:240–241.

212　Leroy, *Rätsel und Missverständnis*, 72–74.

執したために誤解し、躓くことになっている。イエスの言葉は物語の登場人物たちには理解されなかったが、物語の読者であるヨハネ共同体に属する者たちには難しい言葉ではない。イエスが「世の罪を取り除く神の子羊」であることや（ヨハ 1:29, 36）、イエスの死は「世界の罪を贖う捧げ物」であることを（I ヨハ 2:1–2）、彼らは知っている[213]。神の子キリストの真理を信じる者が、罪の赦しと罪からの自由を与えられるということを理解することは困難ではない。

　ヨハネ福音書 12 章において、ユダヤ人聴衆に対して再び光と闇の譬えを用いて、「暗闇に覆われることがないために、光を持っているように歩みなさい」（12:35）、「光を持っているように、光の子となるために、光を信じなさい」と勧める（12:36）。光のイメージを倫理的行動に関連させて用いることは、既に旧約聖書に存在する。例えば、詩編 119 編は律法の言葉が道を歩む際に必要な導きの光であるとしている（詩 119:105, 130; さらに、知 18:4 も参照）。光は足下を照らし、自分が向かう方向を明らかにする助けであるように、律法に記された言葉はユダヤ人たちが生活の中で実践すべき行動の指針を与えるからである。これに対してイエスの譬えはイエス自身が光であり、闇に覆われた世界の中で足下を照らし、行くべき方向を与える存在であることを明らかにしている[214]。このメタファーもイエスを信じる者の共同体に属する者には理解することが容易であるが、信じない外部世界の人々には理解が困難であった。彼らはそもそも自分たちが闇の中にいるという認識もなかったのである[215]。

　他方、イエスは弟子であるアンデレとフィリポに、「アーメン、アーメン、私はあなた方に言う。穀物の粒は地に落ちて死ななければ、一粒の

213　Zimmermann, *Christologie*, 116–117.

214　Zimmermann, *Christologie*, 225.

215　Schnelle, *Das Evangelium nach Johannes*, 205.

ままである。しかし、死ねば、多くの実を結ぶ」と宣言している（ヨハ
12:24–25）。この譬えは、ギリシア人巡礼者たちの面会の希望を伝えに来
た弟子たちに対してイエスが語った言葉の中に出てきており、直後に出
てくる「自分のいのちを愛する者はそれを失い、この世で自分のいのちを
憎む者は、永遠のいのちに到るまでそれを守るであろう」という言葉と
対になっている（12:25）[216]。イエスはこれらの言葉の直前に、「人の子が
栄光を受ける時が来た」と述べている（12:23）。ヨハネ福音書では、自
分の十字架の死についてイエスは度々「栄光を受ける」と表現している
（7:39; 12:16; 13:31）。こうした文脈からして、地に落ちて死ぬ穀物の粒
の譬えが、イエスの十字架上の死の意味を説き明かしていることは明らか
である[217]。そのことを踏まえれば、「多くの実を結ぶ」とはイエスの死が
世の罪を取り除き、多くの信徒たちに永遠の命を与えることを指している
と理解できる（3:15, 16, 36; 5:24, 26 他）[218]。この言葉を聞いた弟子たち
の反応をヨハネ福音書は記していない。恐らくはこの言葉を聞かされた当
初は、その意味を理解することができなかったが、イエスが十字架に架け
られて死に、栄光を受けることになった後に理解することができるように
なったのであろう。イエスが十字架に架けられて、栄光を受けることは、
イエスの言葉や行動の真の意味を理解するための解釈学的鍵を与えている

216　ヨハ 12:25 には共観福音書に並行伝承があり（マタ 16:25; マコ 8:35; ルカ
9:24 を参照）、元々は独立の言葉伝承として流布していたことが分かる。

217　Brown, *John*, 1:473; Schnackenburg, *Das Johannesevangelium*, 2:480–481;
Zimmermann, *Christologie*, 118–119; Zumstein, *Das Johannesevangelium*,
454; Ruben Zimmermann, "Das Leben aus dem Tod (Vom sterbenden
Weizenkorn): Joh 12,24," in Zimmermann ed., *Kompendium*, 805–807,
811.

218　Klink III, *John*, 551–552; Zimmermann, *Christologie*, 120; Schnelle, *Das
Evangelium nach Johannes*, 267–268.

3. 譬えの釈義的・文学的考察 | 69

（2:32; 12:16 を参照）[219]。ヨハネ福音書は、イエスの死と復活・高挙の出来事から、イエスの生涯と言葉とを振り返り、その意味を解明する回顧的視点より書かれている文書である[220]。

最後の晩餐の席上で与えた別れの説教において、天の父の家に到る道についての議論の中でイエスは弟子の一人であるトマスが発した「どうして、その道を知ることができるでしょうか？」という問いに答えて、「私は道であり、真理であり、命である」と宣言する（14:6）。この言葉は、エゴー・エイミ（ἐγώ εἰμι）という定型句によって導かれる自己啓示の言葉であるが、聞き手である弟子たちにはその場では謎めいた言葉のように響いている。この言葉の真意を理解するには、復活・昇天後にキリストが父なる神のもとから降す「真理の霊である」聖霊を受けることが必要である（14:16–17）。イエスを信じる者が与えられている聖霊は、イエスの言葉を想い起こさせて、真理をことごとく理解させることになる（14:26; 16:12–15）。

ヨハネ福音書末尾に置かれているガリラヤでの復活・顕現の挿話において、復活のキリストは弟子のペトロに対して、「あなたはこれらの人々に優ってわたしを愛するか？」と三度にわたって尋ねている（21:15a, 16a, 17a）。「主よ、私があなたを愛していることはご存じです」と答えるペトロに対してノエスは、「私の羊（あるいは、子羊）を飼いなさい」と三度繰り返して述べている（21:15c, 17c）。将来教会指導者になる運命にある弟子に「良い羊飼い」であるキリストが（10:11, 14）羊を飼う務めを与えたことの意味は、ペトロら弟子たちにも福音書の読者であるヨハネ共同体の信徒たちには理解された。教会指導者の職務を「羊を飼う」と表現する譬えは、初期の教会の信徒たちの間で広く使われており、ミレトスで

219　Zumstein, *Das Johannesevangelium*, 455.

220　大貫隆『福音書研究と文学社会学』岩波書店、1991 年、104–109 頁を参照。

エフェソの教会の指導者たちに与えたパウロの説教にも（使 20:28）、公同書簡の一つであるⅠペトロ書にも見られる。Ⅰペトロ書は、大牧者であるキリストが、小牧者である教会指導者たちに羊の群れを飼う務めを与えていると理解し、牧会の務めを忠実に果たすように勧めている（Ⅰペト 5:1–4）。

4. イエスの譬え話の釈義的・文学的考察

　福音書において短い成句としての譬えは、叙述文にも様々な登場人物の言葉の中に出てくるが、ストーリー性を備えた譬え話は、イエスが語った言葉にしか出てこない。福音書に限って言えば、譬え話はイエス固有の語り方であると言える。以下は福音書中のイエスの譬え話についての釈義的分析であり、語られた文脈に従って、ガリラヤで語られた譬え話、エルサレムへ赴く途上で語られた譬え話、エルサレムで語られた譬え話の順序で考察する。なお、ヨハネ福音書中の譬え話は、共観福音書中の譬え話とは性格がかなり異なっているので、最後にまとめてその特性について考察する。

4.1 ガリラヤで語られた譬え話

　ガリラヤ宣教において、イエスは譬え話を用いて語ることが多かった。聴衆を構成していたガリラヤの無学な民衆が良く理解できるように、農村生活の身近な題材を取り上げて譬え話の形で教えを語った（マコ 4:33–34）[221]。例えば、マコ 4:1–9 ではイエスが湖上に浮かべた小舟の中に座って、湖岸に立っている群衆に対して、「種播く人の譬え話」を語っている（マタ 13:1–2 も参照）。譬え話は、種播く人が播いた穀物の種が落ちた土地によって、うまく成長しないことが多くあるが、成長して豊に実を結ぶこともあることを述べた後に（マコ 4:2–8）、「聞く耳を持つ者は聞くが良い」という警告によって結ばれている。語られていることは、種を播いてから耕す当時の粗放な農耕のやり方を前提にした叙述であり、聴衆には身

221　Hultgren, *The Parables of Jesus*, 9.

近な例を挙げている[222]。農耕に関する格言であれば、種が育つには良い土地が必要であるから、この譬え話は農耕に適した土地を選び、良く耕すことを勧めていることになる（農耕技術を神が与える知恵として語るイザ29:23–26 を参照）[223]。しかし、イエスは農耕に関する経験知を神の国の到来を語るメタファーとして語っているので、この譬え話は新たな意味の次元を切り開いている[224]。そこに開示されている新しい意味は聴衆にとって自明ではなく、新たに発見されなければならない。

　この話の本体部分に続く章節は、初代教会がこの譬え話をどのように解釈したのかということを示している[225]。マコ 4:10–12 は、イザヤの預言を引用しながら（イザ 6:9–10）、譬えが外部者には理解しがたい謎ともなり得ることを指摘している（マコ 4:10–12 並行）。この章句は譬えが秘儀

222　Jeremias, *Gleichnisse*, 5; Dronsch, "Vom Fruchtbringen (Sämann mit Deutung)," 302.

223　Hedrick, *Parables as Poetic Fictions*, 174 を参照。

224　Lührmann, *Markusevangelium*, 85; Dronsch, "Vom Fruchtbringen (Sämann mit Deutung)," 305–308; Donahue, *The Gospel in Parable*, 34; 廣石望「「神の国」とイエスの譬え―関係規定のための解釈学的考察―」『聖書学論集』41 号、2009 年、254 頁を参照。

225　Dodd, *The Parables of the Kingdom*, 181; Jeremias, *Gleichnisse*, 7, 60–62; Linnemann, *Gleichnisse Jesu*, 116–118; Weder, *Die Gleichnisse Jesu als Metaphern*, 111–115; Scott, *Hear then the Parable*, 344; Pesch, *Markus-evangelium*, 1:241; H.-J. Klauck, *Allegorie und Allegorese in synoptishen Gleichnistexten* (Münster: Aschendorff, 1978), 200; Sellin, "Allegorie und „Gleichnis“," 396; Hedrick, *Parables as Poetic Fictions*, 164–165; Hultgren, *The Parables of Jesus*, 189–190; 川島『イエスの七つの譬え』、23–28 頁; 廣石『信仰と経験』、310–311 頁; K. Dronsch, "Vom Fruchtbringen (Sämann mit Deutung): Mk 4,3–9 (10–12).13–20 (Mt 13,3–9.18–23/Lk 8,5–8.11–15/EvThom 9/Arg 220)," in Zimmermann ed., *Kompendium*, 297, 301–304; Erlemann, *Gleichnisse*, 95; Collins, *Mark*, 243.

4. イエスの譬え話の釈義的・文学的考察 | 73

(μυστήριον) であり (4:11)、その意味を解く解釈の鍵は自分たちだけ
に与えられており、外部者には与えられていないとする排他的な理解を示
している[226]。彼らが採用した寓意的な理解によれば、種播きが播く種とは
神の言葉のことであり (4:13)、種播く人とは宣教者、あるいは、彼らを
用いて宣教を行う神である (Ⅰコリ 3:5–9 を参照)。4 つの土地とは宣教
の言葉を聞く人間の心の在り方を象徴している (マコ 4:14–20)[227]。話の
要素一つ一つに対して隠された意味を探求することは、解釈法としてのア
レゴリーの特色を示している[228]。

　アレゴリーは言葉の表面とそこに込めた意味内容が異なるような間接的
表現であり、一定の修辞的効果を狙って使用される (クウィンティリアヌ

226　Bultmann, *Die Geschichte der synoptischen Tradition*, 202; Dodd, *The Parables of the Kingdom*, 13–16; Jülicher, *Gleichnisreden*, 2:532–538; Jeremias, *Gleichnisse*, 11–12; Sellin, "Allegorie und 'Gleichnis,'" 396–397; Weder, *Die Gleichnisse Jesu als Metaphern*, 102–103; Hedrick, *Parables as Poetic Fictions*, 164–165; Hultgren, *The Parables of Jesus*, 189–190, 453–467; Harnish, *Gleichniserzählungen*, 61; Schottroff, *Gleichnisse*, 92–97; Lührmann, *Markusevangelium*, 80–81; Schweizer, *Markus*, 46–48; Gnilka, *Markus*, 1:46–48; R. Guelich, *Mark: A Commentary*, WBC 34A–B (2 vols; Dallas: Word, 1989), 1:217–219; Dschulnigg, *Markusevangelium*, 134–139; Collins, *Mark*, 247–252; Erlemann, *Gleichnisse*, 18–19; 荒井献『イエス・キリスト (下)』講談社学術文庫 1468、2001 年、159–163 頁を参照。

227　Jülicher, *Gleichnisreden*, 1:60.

228　Jülicher, *Gleichnisreden*, 1:59, 70; H.-J. Klauck, *Allegorie und Allegorese in synoptischen Gleichnistexten* (NTA13; Münster: Aschendorff, 1978), 201; P. Müller, "Gleichnisse," in L. Bormann ed., *Neues Testament: Zentrale Themen* (Neukirchen-vluyn: Neukirchener Verlag, 2014), 52; Pesch, *Markusevangelium*, 1:241–243; Marcus, *Mark*, 1:309–310; Donahue, *Mark*, 141, 143; Erlemann, *Gleichnisse*, 22.

ス『弁論家の教育』8.6.44–58)。他方、本来はアレゴリーとして語られてはいない言葉を再解釈してアレゴリーとする場合もある。テキストの解釈法としてのアレゴリー（寓意的解釈）はヘレニズム期のギリシア人思想家たちが、ホメロス等の神話的記述の合理的解釈のために編み出した手法であり、記述の字義的意味を越えて、そこには直接には書かれていない思想を読み取ることを目指している[229]。この釈義法はローマ帝政期のユダヤ人思想家たちによって、旧約聖書解釈に援用された。特に、アレクサンドリアのフィロンはこの手法をモーセ五書の解釈に応用し、律法の戒めについて書かれている通りの字義的意味を越えて、明示的には書かれていない寓意的意味を読み取っている[230]。例えば、フィロンは創世記2章の楽園物語を寓意的に解釈し、エデンの園は神の知恵を表し、そこから湧き出る水が作る4つの川の流れは、それぞれ正義（義）や思慮や自制や勇気等の徳目を象徴すると考える（『律法の寓意的解釈』1.64–65）。徳としての正義は他の3つの主要徳目と同様に、神の知恵に起源し、人間の魂がそこから汲み取るものとされている。ヘレニズム・ユダヤ教の寓意的な聖書

229　Klauck, *Allegorie*, 45–61; Harnish, *Gleichniserzählungen*, 55–56.

230　フィロンの聖書釈義法の特色については、Klauck, *Allegorie*, 96–104; J. Cazeaux, "Philon d'Alexandrie, exégète," *ANRW* II 21.1 (1984), 156–226; B. Mack, "Philo and Exegetical Traditions in Alexandria," *ANRW* II 21.1 (1984), 227–271; D. Dawson, *Allegorical Readers and Cultural Revision in Ancient Alexandria* (Berkeley – Los Angeles: University of California Press, 1992), 73–126; P. Borgen, *Philo of Alexandria: An Exegete for his Time*, SNT 86 (Atlanta: Society of Biblical Literature, 1997), 46–79; idem., "Philo – An Interpreter of the Laws of Moses," in *Reading Philo: A Handbook to Philo of Alexandria* (ed. T. Seland; Grand Rapids: Eerdmans, 2014), 75–101; A. Kamesar, "Biblical Interpretation in Philo," in *The Cambridge Companion to Philo* (ed. A. Kamesar; Cambridge: Cambridge University Press, 2009), 65–94 を参照。

4. イエスの譬え話の釈義的・文学的考察 | 75

解釈法は、初代教会の聖書解釈に影響を与えた。例えば、使徒パウロは創世記に出てくる主人のサラとその奴隷ハガルの話を（創 16:1–16）、律法から自由に生きるキリスト教徒と律法の拘束のもとにあるユダヤ教教徒の関係を象徴する話として解釈した（ガラ 4:21–31）[231]。

マコ 4:21–23 においてイエスは、「灯火の譬え話」を語っている（マタ 5:15ab; ルカ 8:16）[232]。話のポイントは、灯火は燭台の上に置いて部屋を照らすためにあるものであり、升の下や寝台の下のように見えないところに置くものではないところにある（マタ 5:15 を参照）。この灯火は神の国の到来を語る福音の象徴であり、それは自ずと明らかになり、隠すことはできないことを強調している[233]。この短い譬え話は何を意味しているかということが明確であり、理解しやすかったと考えられる。

「成長する種の譬え話」（マコ 4:26–29）と「辛子種の譬え話」（マコ 4:30–32）は、神の国の譬えであることが導入句によって明示されている（4:26, 30「神の国は……のようなものである」）。「成長する種の譬え話」は人間の思いを超えた神の国の進展を播かれた種の驚異的成長に譬えている[234]。この譬え話は、農夫が土地に種を播き、種が芽を出し、茎を伸

231　詳しくは、Klauck, *Allegorie*, 116–119; 原口尚彰『ガラテヤ人への手紙』新教出版社、2004 年、192–201 頁を参照。

232　マタ 5:15c; ルカ 11:33 に Q 資料に由来する並行伝承が見られる。

233　Jülicher, *Gleichnisreden*, 86; Dodd, *The Parables of the Kingdom*, 144; Pesch, *Markusevangelium*, 1:249; Gnilka, *Markus*, 1:180; Collins, *Mark*, 253; Bock, *Mark*, 180.

234　Dodd, *The Parables of the Kingdom*, 176–177; Jeremias, *Gleichnisse*, 93–94; Schweizer, *Markus*, 51; Jüngel, *Paulus und Jesus*, 151; Pesch, *Markusevangelium*, 1:255; Lührmann, *Das Markusevangelium*, 90; Collins, *Mark*, 254; Strauss, *Mark*, 197; Dschulnigg, *Markusevangelium*, 143; E. Rau, *Reden in Vollmacht: Hintergrund, Form und Anliegen der Gleichnisse Jesu* (Göttingen: Vandenhoeck & Ruprecht, 1990), 117–118,

ばし、穂を出し、実を結ぶ過程を淡々と描写する。彼は何故そのようになるかを知らないが、実が熟す時を迎えると、鎌を入れて収穫することとなる（4:26-29）。この譬え話の背後には旧約聖書の文学的伝統が存在している。土地に播かれた種が芽を出し、成長することは、神の恵みのしるしとなっている（イザ61:11）。鎌を入れる収穫の時は旧約聖書においても（ヨエ4:13）、新約聖書においても（マタ13:30, 39-43; 黙14:14-20を参照）終末の裁きの象徴となることが多い[235]。しかし、豊かな収穫を神の祝福のしるしと見なす伝統や（創26:12; レビ25:21）、刈り入れによる収穫の喜びを語る伝統も旧約聖書には存在している（詩126:5-6）。新約聖書においても収穫が、神の国の救いをもたらす神の国の到来に関連して語られることもある（マタ9:37-38; 10:2; ヨハ4:35-36）。「成長する種の譬え話」が用いる刈り入れのメタファーはこちらの系譜に属する[236]。

　マタイ福音書における譬え話は、13章（マタ13:3-9, 24-30, 31-32, 33, 44, 45-46,47-50, 52）と24章（24:36-44, 45-51）と25章（25:1-13, 14-30, 31-46）に集中して出てくるが、他の章にも散見される（7:24-27; 20:1-16; 21:28-32, 33-41; 22:1-14）。「岩の上に家を建てる譬え

　　　132-134, 154-155; D. Dormeyer, "Mut zur Selbst-Entlastung (Von der selbstsätndig wachsenden Saat): Mk 4,26-29 (EvThom 21,9)," in Zimmermann ed., *Kompendium*, 320-321; Snodgrass, *Stories with Intent*, 186.

235　Weder, *Die Gleichnisse Jesu als Metaphern*, 119; Scott, *Hear then the Parable*, 369-370; Hultgren, *The Parables of Jesus*, 388; Dormeyer, "Mut zur Selbst-Entlastung," 319-320, 322-323.

236　A. Dettwiler, "Das Gleichnis von der selbstwachsenden Saat," in Jörg Frey/ Esther Marie Jonas eds., *Gleichnisse verstehen. Ein Gespräch mit Hans Weder,* BTS 175 (Göttingen: Vandenhoeck & Ruprecht, 2018), 80, 86-87; 上村『宗教の倒錯』、197-198頁を参照。

話」（マタ 7:24–27 ／ルカ 6:47–49）は Q 資料に由来する[237]。Q の原型により忠実なルカ版の話によるとこの譬え話は岩の上に家を建てる者（ルカ 6:47）と、土台を据えることなしに家を建てる者（6:49）とを対照している。これに対して、マタイ版の話は岩の上に家を建てる賢い者と、砂地に家を建てる愚か者とを対照している（マタ 7:24–27）[238]。こうした語り方は修辞学的には、対比（σύγκρισις, comparatio）の手法（クウィンティリアヌス『弁論家の教育』8.4.9–14）を用いて、言葉を聞いた者が取り得る二つの対照的な態度と彼らを待ち受ける運命を描き出していると言える[239]。ここで言われている賢い者とはイエスの教えを聞いて実践する者のことを、愚かな者とは聞いても実践しない者を指している（マタ 7:24, 26）。神の言葉を聞くだけでなく、それを行うことの大切さは、旧約聖書において指摘されており（出 24:3, 7; エレ 22:4; エゼ 12:25）、初期キリスト教の倫理的勧告においても強調されていた（ロマ 2:13; ヤコ 1:22–25）。この譬えは山上の説教（5:3–7:27）の結び（peroratio）として、イエスの言葉を聞いた者に聞いたことを実践するように促している[240]。

　マタイ福音書 13 章は 8 つの譬え話を収録しており、譬え話の章となっている。この章はマルコ福音書より継承した一連の譬え話に加えて（マタ 13:3–9 ＝マコ 4:3–9; マタ 13:31–32 ＝マコ 4:30–31; マタ 13:33 ＝マコ

237　Robinson et al., *The Critical Edition of Q*, 97–101; Roth, *The Parables in Q*, 285–296; 山田『Q 文書』、30–31 頁を参照。

238　Baasland, *Parables and Rhetoric*, 564; I.H. Jones, *The Matthean Parables: A Literary and Historical Commentary* (SNT 80; Leiden: Brill, 1995), 180.

239　Baasland, *Parables and Rhetoric*, 602.

240　Betz, *The Sermon on the Mount*, 557; Hagner, *Matthew*, 1:191–192; Davies/ Allison, *Saint Matthew*, 1:719; Hultgren, *Parables*, 133–135; Konradt, *Mattkäus*, 129–130; Münch, *Die Gleichnisse Jesu*, 71.

4:32)、Q 資料や（マタ 13:33 ＝ルカ 13:18–19）、マタイ特殊資料（マタ 13:24–30; 13:44; 13:45–46; 13:47–50; 13:52）から採録した譬え話を付け加えて拡張されている[241]。ここでは、主としてマタイの編集句やマタイ特殊資料から採用した譬え話の特色について考察することとする。マタイ 13 章の譬え話はガリラヤ湖に浮かべた舟から湖岸に立つ民衆に向かって語られたという設定になっている（マタ 13:1–3a）。マタイはマルコ原本に従って（マコ 4:3–9, 10–12, 13–20）、種播きの譬え話とその解釈をイエスの教えの冒頭に置いているので、マタイは解釈法としてのアレゴリーをそのまま継承していたことが分かる（マタ 13:3b–9, 10–17, 18–23）。譬えで語る理由付けの部分は預言の成就の主題によって補強され、イザヤ書 6 章の頑迷預言は七十人訳本文に従ってより正確に引用されている（マタ 13:14–15 とマコ 4:12 をイザ 6:9–10 と比較せよ）。譬えで語ることを預言の成就とする理解は（マタ 13:14）、13 章の半ばでも繰り返され（13:34–35 を参照）、譬えの章の前半部を締め括っている。

　マタイはまたマルコ原本にはなかった、「幸いだ、あなた方の目は見ており、あなた方の耳は聞いているのだから。アーメン、私はあなた方に告げる。多くの預言者や義人は、あなた方が見ているものを見たいと願うが見ることがなく、あなた方が聞いていることを聞きたいと願っていたが、聞くことがなかったのである」という Q 資料に由来する言葉を付け加えて（ルカ 10:23–24 を参照）、認識論的視点から弟子たちの幸いについて論じている（マタ 13:17）。弟子たちが見ているものとは具体的にはイエスのなす癒しの業であり、聞いているものとは譬え話によって語られたイエスの教えであろう[242]。天国の秘儀が開示されている弟子たちはイザヤの

241　マタ 13:33 は Q 版（ルカ 13:18–19）とマルコ版（マコ 4:32）の話の両方を組み合わせている。

242　Luz, *Matthäus*, 2:314–315; Konradt, *Matthäus*, 214; J. Lambrecht, *Out of the Treasure: The Parables in the Gospel of Matthew* (LTPM10; Louvain:

頑迷預言にも拘わらず、民衆とは異なってイエスの譬えによる教えを聞いて理解する立場に置かれており、そのことが幸いとされている[243]。

続いて語られる三つの譬え話は、ἄλλην παραβολὴν παρέθηκεν αὐτοῖς λέγων（「他の譬えを彼は彼らに提示して言った」）という定型句によって導入され（マタ 13:24a, 31a, 33a）、福音書の語り手が読者に対して、これから語る内容が先に述べられた譬え話に対して内容的に関連する譬え話であることに注意を促している。マタ 13:24–30 の「毒麦の譬え話」は、「種播きの譬え話」（13:3–9）をモデルにして作成された譬え話の変種であり、マタイ特殊資料に由来する（トマ福 57 に並行伝承が見られる）[244]。この譬え話でも種播く人が登場して畑に良い種を播く（13:24）。しかし、彼の就寝中に敵がやって来て同じところに毒麦の種を播く（13:25）。種が芽を出すと麦だけでなく、毒麦も現れて来た（13:26）。僕たちがこのこと報告し、相談すると主人は毒麦を抜こうとして麦まで抜いてしまうおそれがあるから、刈り入れの時まで待って、毒麦を集めて焼くように指示した（13:27–30）。

マタ 13:36–43 は 13:18–23 にならって譬えのアレゴリカルな解釈を与えている。この解釈は家の中で弟子たちだけに語られ（13:36）、「聞く耳を持つ者は聞くが良い」という句で（13:43）結ばれている（13:9 を参照）。この解釈によれば、種を播く者は人の子であるキリストを、畑は世界を、種は御国の子らを、毒麦は悪しき者＝悪魔の子らを指している（13:37–39）。収穫にあって刈り入れた毒麦を焼くことは（13:30）、世の

Peeters, 1991), 160; Münch, *Die Gleichnisse Jesu*, 67–68.

243 J. D. Kingsbury, *The Parables of Jesus in Matthew 13: A Study in Redaction-Criticism* (Richmond, VA: J. Knox, 1969), 41–47; Lambrecht, *Out of the Treasure*, 176.

244 Jülicher, *Gleichnisreden*, 2:562–63; Gnilka, *Matthäusevangelium*, 1:489; Hagner, *Matthew*, 1:382.

終わりにおける裁きを象徴する（13:40–41）。この解釈の背景には、刈り入れを裁きの象徴とする旧約・ユダヤ教のメタファーが存在している（イザ 17:5; エレ 9:21; 51:33; ヨエ 4:13; IV エズ 4:28–32 を参照）[245]。

　毒麦の譬えとその解釈は、洗礼を受けて信徒となった者の中にも後に棄教したり、福音に反することを行うようになる者がある事実を前提にしている。そのような者を探し出して追放しようとすることは、真っ当な信徒までも追い出してしまう危険があるので、終末時に天使たちよって行われる裁きに委ねることを勧めることがこの譬え話のメッセージであろう（I コリ 4:5）[246]。自然な農耕の場面を描いて神の国の到来を描く「種播きの譬え話」（13:3–9）に対して、この毒麦の譬え話には、超自然的な勢力である悪魔が登場して夜に種播きを行っているし、刈り入れに象徴される終末の裁きを人の子が超自然的存在である天使を遣わして行うこととしているので、黙示文学的な寓話の色彩が非常に強くなっている[247]。

　「辛子種の譬え話」（マタ 13:31–32 ／ルカ 13:18–19）も Q 資料から採られた言葉である[248]。この譬え話にはマコ 4:30–32 とトマ福 20; 96 にも並行伝承が見られ、マタイはマルコと Q 両方の伝承を組み合わせた話を伝えている。イエスは、「天国は人が取って自分の畑に蒔く辛子種の粒に似ている」と宣言し（マタ 13:31ab; ルカ 13:19a）、それに続く文章でそ

245　Münch, *Die Gleichnisse Jesu*, 186.

246　Dodd, *The Parables of the Kingdom*, 183; Weder, *Die Gleichnisse Jesu als Metaphern*, 127; Münch, *Die Gleichnisse Jesu*, 68; Erlemann, *Das Bild Gottes*, 62–65.

247　Dodd, *The Parables of the Kingdom*, 185; Kingsbury, *Parables*, 96; Gnilka, *Matthäusevangelium*, 1:503; Hagner, *Matthew*, 1:393–394; Donahue, S.J., *The Gospel in Parable*, 68; Münch, *Die Gleichnisse Jesu*, 266; Erlemann, *Das Bild Gottes*, 74.

248　Robinson et al., *The Critical Edition of Q*, 400–403; Roth, *The Parables in Q*, 298–312; 山田『Q 文書』、96–97 頁を参照。

の理由を説明する（マタ 13:32; ルカ 13:19b）。この譬え話は、辛子という植物は種の時は非常に小さいのに、蒔かれて成長すると大きな木と同様に枝が張って鳥が宿る程になることを述べて、地上における天国の進展の不思議を強調している[249]。旧約聖書において木陰に動物が住み、樹上に鳥が巣を作ることができるような木の存在は、地上の帝国の繁栄のメタファーとなる一方で（エゼ 17:22–24; 31:6；ダニ 4:9, 18 を参照）、被造物を養う創造主としての神の業のメタファーにもなっていた（詩 104[103]:12, 16–17 を参照）[250]。イエスはこの良く知られたイメージを辛子種の驚異的な成長に結び付けて天国の進展の形容に援用したのである。

　「パン種の譬え話」（マタ 13:33 ／ルカ 13:20–21）も同様に Q 資料から採られた言葉である（トマ福 96 も参照）[251]。マタイにおいてもルカにおいても、この譬えは「辛子種の譬え話」（マタ 13:31–32; ルカ 13:18–19）の直ぐ後に出てきているので、Q の段階で二つの譬えは一対をなしていたのであろう。この語録においてイエスは、「辛子種の譬え話」との場合と同様に（マタ 13:31b; ルカ 13:19a）、「天国（神の国）は……に似ている」という導入句によって語り始めている（マタ 13:33b; ルカ 13:21a）。譬えの本体部分においてイエスは、パン種を取って大量の小麦粉に混ぜて埋め込むと全体が発酵して膨らむことに注意を促している（マタ 13:33c; ルカ 13:21b）。少量のパン種が小麦から作ったこね粉を膨らます発酵現

249　E. Rau, *Reden in Vollmacht: Hintergrund, Form und Anliegen der Gleichnisse Jesu* (Göttingen: Vandenhoeck & Ruprecht, 1990), 152–154; G. Gäbel, "Mehr Hoffnung wagen (Vom Senfkorn): Mk 4,30–32 (Q 13,18f./Mt 13,31f./Lk 13,18f./EvThom 20)," in Zimmermann ed., *Kompendium*, 330, 332–333; Snodgrass, *Stories with Intent*, 222; Roth, *The Parables in Q*, 303.

250　Münch, *Die Gleichnisse Jesu*, 207.

251　Robinson et al., *The Critical Edition of Q*, 404–405; Roth, *The Parables in Q*, 312–327; 山田『Q 文書』、96–97 頁を参照。

象は（Ⅰコリ 5:6; ガラ 5:9 も参照）、人知を超えた神の国の成長のメタファーとなっている[252]。「パン種（ζύμη）」は新約聖書においては、人の倫理的資質を損なう利己的な心の在り方の象徴として使用されることが多いが（マコ 8:15; ルカ 12:1; Ⅰコリ 5:6; ガラ 5:9）、ここではそのような否定的意味は込められていない。

「畑の宝の譬え話」（13:44）と「良い真珠の譬え話」（13:45–46）と「漁獲の譬え話」（13:47–50）には共観福音書に並行例はなく、これらはすべてマタイ特殊資料より採用されたものである[253]。三つの譬え話はマタイ福音書の文脈では一体をなしており、それぞれが「天国は……に似ている」という導入句によって始まっている（13:44, 45, 47）。「御国は……に似ている」という句はトマス福音書が伝える並行伝承（トマ福 76, 109）にも見られるので、既に資料の中に存在している表現にマタイが編集を加えて第一福音書における定型的導入句の文言に揃えたのであろう（マタ 13:52; 20:1 を参照）。

「畑の宝の譬え話」では、ある人が畑に宝が隠されていることを発見し、大喜びで全財産を売ってその畑を買う（マタ 13:44; トマ福 109）。「良い真珠の譬え話」では、商人が良い真珠を探し出し、全財産を売ってその真珠を買う（マタ 13:45–46; トマ福 76）。これらの譬えにおいて、「畑の宝」を得ることや（13:44）と「良い真珠」（13:45–46）を手に入れることは天国に入ることを表している。福音に聞き従って天国に入ることが、すべてに優る価値があることを強調しているのは明らかである[254]。

---

252 Rau, *Reden in Vollmacht*, 119; K.-H. Ostemeyer, "Gott knetet nicht (Vom Sauertaig): Q13,20f. (Mt 13,33/Lk 13,20f./EvThom 96)," in Zimmermann ed., *Kompendium*, 188; Roth, *The Parables in Q*, 322.

253 ただし、外典のトマス福音書の語録 8 と 76 と 109 が遠い並行伝承を提示している。

254 Jeremias, *Die Gleichnisse Jesu*, 143; Jüngel, *Paulus und Jesus*, 144;

4. イエスの譬え話の釈義的・文学的考察 | 83

「漁獲の譬え話」（13:47–50）では終末の裁きが漁獲後に行われる魚の選別に譬えられている[255]。漁師が網を打って魚を捕らえて岸に引き上げる。網の中に入った魚は市場価値があるものも価値がないものもあるので、価値あるものだけを選んで器に入れるが、価値がないものは捨ててしまう（13:47–48）。イスラエルの文化的伝統では、ひれや鱗を持つ魚は清く、そうでない魚は汚れているとされていたので（レビ 11:9–12）、漁師は漁獲物を選別し、市場で売ることができる清い魚だけを残し、売ることができない汚れた魚を海に戻す必要があった[256]。同様に、世の終わりには天使たちがやって来て、義人と悪しき者たちをより分け、悪い者は燃えさかる炉に投げ込んでしまうことになる（13:49–50）。この譬え話の原型は伝承に由来すると考えられるが（トマ福 8 を参照）、マタイ共同体によって大きく改変され、伝えられた言葉であろう[257]。この譬え話の後半は天使を通して執行される終末の裁きにおける選別を主題にしており、「毒麦の譬え」（13:24–30）と同様に黙示文学的寓話の性格が強い[258]。

「天国のことを学んだ律法学者の譬え話」は、マタイ福音書 13 章に収録されている譬え話による説教全体（13:3–52）の結びを構成している（13:52）。譬え話による説教を終えたイエスは弟子たちに理解したかどうかを問い、彼らの「はい」と言う言葉を確認した後に（13:51）、結びの言葉を語っている。この言葉は異なった事柄の比較の要素を含むと共に、

Gnilka, *Matthäusevangelium*, 1:507; Weder, *Die Gleichnisse Jesu als Metaphern*, 141; Hedrick, *Parables as Poetic Fictions*, 119–120; Hultgren, *Parables*, 413; Hagner, *Matthew*, 1:397; Luz, *Matthäus*, 2:353–354; Osborne, *Matthew*, 541; Konradt, *Matthäus*, 225 を参照。

255　Weder, *Die Gleichnisse Jesu als Metaphern*, 146; Gnilka, *Matthäusevangelium*, 1:510; Hultgren, *Parables*, 305–307; Luz, *Matthäus*, 2:360 を参照。

256　Popkes, "Der wählerische Fischer," in *Kompendium*, 869.

257　Jüngel, *Paulus und Jesus*, 148; Gnilka, *Matthäusevangelium*, 1:512.

258　Jones, *The Matthean Parables*, 357.

最小限の物語性を含んでいるので譬え話に分類できる。マタイ共同体の中には「天国について学ぶ律法学者」(13:52) と呼ばれる指導者たちがいた。彼らは元々はユダヤ教の律法について学ぶ者であったが、キリストの福音を信じるようになってからは、天国における救いについて探求する者となったと考えられる[259]。彼らは、「自分の倉から新しいものと古いものを取り出す主人」に譬えられている。「新しいもの」とはこの文脈では譬え話によって語られた神の国の教えであり、「古いもの」とは旧約聖書に示されている古い契約についての知識のことであろう[260]。

4.2 エルサレムへの旅の途上で語られた譬え話

マタイ福音書18章はエルサレムへ上る途上で、イエスが弟子たちに対して語った教えであるが、教会員たちの霊的世話を主題としており、教会の指導者たちの職務を想定した一連の言葉が記されている。マタ18:12–14 に「迷った羊の譬え話」が引用されているが、この箇所にはルカ 15:3–7 に並行箇所があり、Q 資料から採用されていることが分かる(トマ福107 にも遠い並行伝承が見られる)[261]。マタイ版の話は「あなたがたはどう考えるのだろうか?」という聞く者の注意を喚起する問いによって導入される(マタ 18:12a)。共観福音書では問い掛けが譬え話の導入句となり、聴衆や読者に考えることを要求するような事例が多く見られる(マタ 12:11; 18:12; 21:28; 24:45; マコ 4:30; ルカ 11:5, 11, 18; 14:28; 15:8; 17:7)[262]。ある羊飼いが羊を 100 匹飼っていて放牧中に

259　Jones, *The Matthean Parables*, 149–151, 197–198.

260　Hagner, *Matthew*, 1:402; Osborne, *Matthew*, 545.

261　J. M. Robinson et al., *The Critical Edition of Q* (Minneapolis: Fortress, 2000), 478–483; 山田耕太『Q 文書　訳文とテキスト・注解・修辞学的研究』教文館、2018 年、279–281 頁を参照。

262　E. Rau, *Reden in Vollmacht: Hintergrund, Form und Anliegen der Gleich-*

4. イエスの譬え話の釈義的・文学的考察 | 85

1匹が迷ってしまった時に、迷っていない 99 匹を山に残して迷った 1 匹
を探し出し、他の 99 匹に優ってその 1 匹が見つかったことを喜ぶ（マタ
18:12b–13）。結びの句（18:14）はマタイによって付加された解釈句であ
り、読者に警告を与えている[263]。

　マタイ 18 章の文脈では、この譬え話の前後に会員が罪を犯すことを主
題とする語録が置かれているので（マタ 18:6–9, 15–20 を参照）、この譬
え話において神が羊の飼い主に、信徒が羊に譬えられており、羊が迷う
ことが信徒が罪を犯すことのメタファーとなっていると考えられる（詩
119:176; イザ 53:6 を参照）[264]。この解釈によると、「迷った羊の譬え話」
は、罪を犯して迷い出た信徒を探し求めて救い出す神の愛と喜びを物語っ
ており、聞く者にそのことを追体験することを求めていることになる（マ
タ 18:14）[265]。この譬え話はマタイ共同体の指導者たちに、罪を犯して迷
い出た信徒を見つけ出して教会の交わりに連れ戻す努力をするように勧め
ていることになる[266]。

---

　　nisse Jesu (Göttingen: Vandenhoeck & Ruprecht, 1990), 37–38; Münch,
　　Die Gleichnisse Jesu, 158–159; R. Zimmermann, "Form und Funktion der
　　Frageparabeln des erinnerten Jesus," in J. Schröter/K. Schwarz/S. Al-Saudi
　　eds., *Jesu Gleichnisse und Parabeln in der frühchristlichen Literatur: Me-*
　　thodische Konzepte, religioshistorische Kontexte, theologische Deutungen
　　(WUNT 456; Tübingen: Mohr-Siebeck, 2021), 110–112, 115.

263　J. Lambrecht, *Out of the Treasure: The Parables in the Gospel of Matthew*
　　(LTPM10; Louvain: Peeters, 1991), 42.

264　Hagner, *Matthew*, 2:527; Lambrecht, *Out of the Treasure*, 47; Hultgren,
　　Parables, 54–55; Zimmermann, *Parabeln in der Bibel*, 218–220 を参照。

265　Gnilka, *Matthäusevangelium*, 2:133; Münch, *Die Gleichnisse Jesu*,
　　191–192; Zimmermann, *Parabeln in der Bibel*, 208–209.

266　Hultgren, *Parables*, 56; Linnemann, *Gleichnisse Jesu*, 103; Luz, *Matthäus*,
　　3:28–29; Osborne, *Matthew*, 682; Konradt, *Matthäus*, 287–288 を参照。

マタイ固有の譬え話「仲間を赦さない家来の譬え話」（マタ 18:23–35）は、マタイ特殊資料に由来しており、教会についての講話（18:1–25）の結びの位置に置かれている。この譬え話は、兄弟を赦す限度に関する弟子のペトロとイエスの対話に続いて記されており、「7 の 70 倍赦す」ように勧めるイエスの言葉の説明として語られているので（18:21–22 を参照）、ルカ福音書に見られる例話に近い機能を果たしている（例えば、ルカ 10:25–36 を参照）。話は、「天国は次のような王に譬えられる」という導入句で始まる（18:23）。ある王が家来に貸した金の決算をする時に、1 万タラントンを借りている家来に対して憐れに思って負債を赦し、借金を棒引きにする（18:23–25）。しかし、この家来は後に自分に 100 デナリオンの借金をしている仲間に苛酷な取り立てを試み、返済することのできない者を牢に入れてしまった（18:26–30）。家来の仲間の報告を受けた王は怒って、この家来を呼び付けて借金を返すまで牢に入れてしまった（18:31–34）。その理由は、王が自分を憐れんだように、この家来も自分の仲間を憐れまなければならなかったのにそうしなかったということである（18:33）。最後に解釈句が置かれており、「あなた方のめいめいが自分の兄弟を心から赦さないならば、私の天の父も同様になさるであろう」と宣言している（18:35）。この解釈句は譬え話が、王に擬されている天の父なる神から罪を赦されている者として、信仰の兄弟が自分に対して犯した罪を赦すように勧める言葉であることを示しており、福音書記者マタイの理解を端的に示している（シラ 28:1–7; マタ 6:12, 14–15 を参照）[267]。神に対して負う罪責を負債に、罪の赦しを借金の免除に譬えることは、初期キリスト教においては一つの確立した言語習慣となっていた（マタ

---

267 Linnemann, *Gleichnisse Jesu*, 105; Gnilka, *Matthäusevangelium*, 2:148; Harnish, *Die Gleichniserzälungen Jesu*, 253–254; Lambrecht, *Out of the Treasure*, 64, 66; Jones, *The Matthean Parables*, 223; Münch, *Die Gleichnisse Jesu*, 283; Luz, *Matthäus*, 3:74–76; Osborne, *Matthew*, 697.

4. イエスの譬え話の釈義的・文学的考察 | 87

6:12; ルカ 11:4; ディダケー 8:2 を参照)[268]。

「葡萄園の労働者の譬え話」（マタ 20:1–16）は、マタイ福音書独自の譬え話であり、他の福音書に並行箇所はない。「このように、最後の者たちが最後になり、最後の者たちが最初になる」という結びの言葉は（20:16）、後に追加された編集句であり（マタ 19:30 を参照）、本来の譬え話は 20:1–15 の部分である[269]。この話は、「天国は……のようである」（20:1a）という定型的導入句（13:24, 31, 33, 44, 45, 47; 18:23; 22:2; 25:1 を参照）によって始まる[270]。譬え話の本体部分によると、葡萄園の主人がいて葡萄園で働く日雇いの労働者をアゴラで雇う。ある者は夜明けに、ある者は第三刻（午前 9 時）に、ある者は第六刻（12 時）に、ある者は第九刻（午後 3 時）に、ある者は第十一刻（午後 5 時）に雇って葡萄園に送って働かせた。夕方になり、一日の労賃を払う時になると、主人は実際に働いた時間に関わりなく、一律に 1 デナリを払った。長い時間働いた者たちが不平を言うと、主人は皆に等しく 1 デナリ払うことを約束したことを根拠にクレームを斥けた（20:13–15）。この話は労働の対価の支払いの話としては一見不公平で非合理な印象を与えるが、対価は労働時間によって定められていないので、当初の約束には忠実である。この譬え話において支払われる賃金は神が与える救いの象徴となっている（ヨハ

268　Betz, *The Sermon on the Mount*, 400–404; Münch, *Die Gleichnisse Jesu*, 193, 212–213 を参照。

269　Lambrecht, *Out of the Treasure*, 81–82.

270　Jüngel, *Paulus und Jesus*, 164; Linnemann, *Gleichnisse Jesu*, 83; Gnilka, *Matthäusevangelium*, 2:148; Harnish, *Die Gleichniserzälungen Jesu*, 177; M. Mayordomo, "Das Gleichnis von den Arbeitern im Weinberg als 'Ereignis der Güte Gottes'," in Jörg Frey/Esther Marie Jonas eds., *Gleichnisse verstehen. Ein Gespräch mit Hans Weder*, BTS 175 (Göttingen: Vandenhoeck & Ruprecht, 2018), 110, 113.

4:36; ロマ 2:6; 4:4; I コリ 3:14 を参照)[271]。旧約聖書や初期ユダヤ教においては、人間の行いと神が与え得る対価は対応しており、応報原理に従って人が行う業に応じて報いがあるとされていた（詩 62:13; 箴 24:12; エレ 25:14）。しかし、天国における救いは、どれだけの時間信徒として神に仕えたかということとは無関係に信じる者に与えられる。若いときから信徒として生活している者も、人生の終わり近くに回心して信徒となるものも、与えられる救いは全く同じであることを示している。この譬え話は逆説的な形で救いが恵みとして与えられるのであり、功績に対する対価として与えられるのではないということを、聞く者の予想とは異なる意外な結末を提示しながら述べている[272]。

　「善いサマリア人の譬え話」（ルカ 10:30–37）は、イエスと弟子たちがエルサレムに旅を続ける旅の記事の中に置かれている（9:51–19:27）。この譬え話に先んじて、旧約聖書の戒めを巡るイエスと律法学者の対話がなされている。永遠のいのちを得る道について律法学者の問いがイエスに向けられ、それに対するイエスの反問に答えて、彼は全身全霊で神を愛することを勧める申 6:5 と隣人愛を勧めるレビ 19:18 の言葉を引用する（ルカ 10:25–27）。イエスがこの答えに同意し、それを実践することを勧めると、律法学者は、「私の隣人とは誰のことですか？」と反問した（10:28–29）。この問いに対してイエスが与えた答えが、「善いサマリア人の譬え話」（10:30–37）である。イエスの言葉には、「……のようなもの

271　Dodd, *The Parables of the Kingdom*, 122; Lambrecht, *Out of the Treasure*, 82; Konradt, *Matthäus*, 310; Mayordomo, "Das Gleichnis von den Arbeitern im Weinberg," 110, 117–118; Münch, *Die Gleichnisse Jesu*, 194.

272　Jeremias, *Die Gleichnisse Jesu*, 113; Jüngel, *Paulus und Jesus*, 164, 167; Hultgren, *The Parables of Jesus*, 35–36, 41–42; Gnilka, *Matthäusevangelium*, 2:181; Luz, *Matthäus*, 3:141–142; Hagner, *Matthew*, 2:572; Osborne, *Matthew*, 732 を参照。

4. イエスの譬え話の釈義的・文学的考察 | 89

である」という導入句や（6:48, 49; 7:31, 32; 12:36; 13:18, 19, 21）、「何
に譬えようか？」（7:31; 13:18, 20）といった定型句は伴っていないが、
隣人愛の本質を示す例証（παράδειγμα）として語られた譬え話であるこ
とは文脈上明らかである[273]。

　物語はエルサレムからエリコへ向かう道を舞台にしている。旅の途
上に追いはぎに襲われた人があり、半殺しの状態で道端に倒れている
（10:30）。そこに三人の人が次々に通りかかる。最初に祭司が通りかかる
が、見て見ぬふりをして通り過ぎる（10:31）。次に、レビ人が通りかか
るが祭司と同様に救助せずに通り過ぎる（10:32）。最後に、サマリア人
が通りかかり、その人を見ると「憐れんで」その人を救助して、油と葡萄
酒を傷口に注いで手当てをした後にロバに乗せて宿屋に連れて行き、介護
した（10:33–34）。次の日に、用事のために宿屋を出るときには、主人に
お金を渡して介抱してくれるように頼んだ（10:35）。譬え話を語った後
にイエスは律法学者に対して、「あなたはこの三人のうちの誰が追いはぎ
に襲われた人の隣人となったと考えるか？」とその意味を問う（10:36）。
この問いは、律法学者の誰が隣人なのかという問いに対する（10:29）、
視点をずらした反問となっている。ここでは、「誰が隣人なのか」ではな
く、「誰が隣人となったか」が問題となっている[274]。律法学者は譬えの趣

273　Jülicher, *Die Gleichnisreden Jesu*, 1:114; 2:585–586; E. Jüngel, *Paulus
　　　und Jesus* (4. Aufl.; Tübingen: Mohr-Siebeck, 1972), 169–174; Fitzmyer,
　　　Luke, 2:883; Bovon, *Lukasevangelium*, 2:88; Wolter, *Lukasevangelium*,
　　　395; Harnish, *Die Gleichniserzälungen Jesu*, 271; Heininger, *Metaphorik*,
　　　81; Hultgren, *The Parables*, 92, 94; Zimmermann, *Parabel in der Bibel*,
　　　297–298, 305.

274　Jüngel, *Paulus und Jesus*, 170; Fitzmyer, *Luke*, 2:884, 888; Nolland, *Luke*,
　　　2:586; Bock, *Luke*, 2:1018, 1034; Bovon, *Lukasevangelium*, 2:88; Wolter,
　　　Lukasevangelium, 397; Garland, *Luke*, 445; Harnish, *Die Gleichniserzälun-
　　　gen Jesu*, 291; Zimmermann, *Parabeln in der Bibel*, 314–315; 嶺重『探究』、

90

旨を理解して、「その人を助けた人です」と答えている。この譬え話は、隣人愛の戒めの意味を理解させるために作られた例話として機能している[275]。

「真夜中の客の譬え話」（ルカ 11:5–8）には共観福音書に並行箇所がなく、ルカ固有の伝承に由来する[276]。この譬え話は、τίς ἐξ ὑμῶν（「あなたたちの内の誰が……だろうか？」）という常套句で始まっている（ルカ 11:5; さらに、ルカ 11:11; 14:28; 15:4; 17:7 も参照）。この句は修辞的疑問文であり、聴き手の注意を引くと共に、譬えられていることが彼ら自身に関わることであることを認識させようとしている。話の内容は友人関係に関するものである。真夜中に友達が訪れて来たので、自分の友達のところに行ってもてなすための食物を分けて貰うように頼む（11:5–6）。その友は既に戸を閉めており、子供たちが寝ていることを理由に断ろうとするが（11:7）、諦めずに執拗に頼めば必要なものを分けてくれるであろうと述べられる（11:8）。

この譬え話は祈ることについてイエスが弟子たちを教える文脈に置かれており（11:1）、祈るべき内容を示す「主の祈り」（11:2–4）の直後に出てきている。この譬え話の直ぐ後には、祈りが聞かれるまで、天の父にたゆまず祈り求めることを説く勧めの言葉が続いている（11:9–13）。福音書記者ルカはこの譬えを「不正な裁判官の譬え」（18:2–8）と同様に、直ぐには聞かれないかもしれないが、諦めずに神に祈り求め続けると必ず聞かれ、与えられることを例証する言葉と解釈している[277]。

214–215 頁を参照。

275　Heininger, *Metaphorik*, 24–25; Fitzmyer, *Luke*, 2:883; Bock, *Luke*, 2:1035.

276　E. Jüngel, *Paulus und Jesus* (4. Aufl.; Tübingen: Mohr-Siebeck, 1972), 155; Hultgren, *The Parables,* 227.

277　Jüngel, *Paulus und Jesus*, 156–157; Fitzmyer, *Luke*, 2:910; Bock, *Luke*, 2:1060; Bovon, *Lukasevangelium*, 2:146–147; Heininger, *Metaphorik*,

4. イエスの譬え話の釈義的・文学的考察 | 91

「愚かな金持ちの譬え話」（ルカ 12:16–21）には共観福音書には並行箇所がなく、ルカ特殊資料に由来する[278]。群衆の一人が、「私にも遺産を分けてくれるように兄弟に言って下さい」と言うと（12:13）、イエスは自分が裁判官や調停人ではないと前置きした後に、人間のいのちは財産によって保証されるものではないから、貪欲に注意するようにと述べた後に（12:14–15）、その例証としてこの譬え話を語っている（12:16–21）[279]。ある金持ちがいて豊作の年が訪れた時に、倉を建て直して大きくして採れた穀物や資産を蓄えておけば、この先何年も安泰だと心の中で思った（12:16–19）[280]。ところが、ここで神が突然登場してこの金持ちを「愚か者」と呼び、その夜にもいのちが取り去られると、「財産は誰のものになるのか」と問いかけた（12:20）。この話は遺産相続を巡る争いの原因である人間の所有欲の根底に、地上の富を積むことを通して自分のいのちを確保しようとすることがあると考え、そうした試みの空しさを示そうとしている（セネカ『書簡集』101.4 を参照）。

この譬え話が語られる前提として、人間のいのちは創造主なる神の手

100–101; C. Kähler, *Jesu Gleichnisse als Poesie und Therapie. Versuch eines integrativen Zugangs zum kommunikativen Aspekt von Gleichnissen Jesu* (WUNT 78; Tübingen: Mohr-Siebeck, 1995), 108–109; Hultgren, *The Parables*, 232–233.

278 トマ福 63 に遠い並行伝承が見られるが、こちらは話が簡略で脚色を余り含んでおらず、より古い形を保存している。

279 Fitzmyer, *Luke*, 2:971; Bovon, *Lukasevangelium*, 2:273, 286.

280 Heininger, *Metaphorik*, 32–37, 77–82; Rau, *Reden in Vollmacht*, 87–88; P. Sellew, "Interior Monologue as a Narrative Device in the Parables of Luke," *JBL* 111 (1992): 239–253; Bovon, *Lukasevangelium*, 2:282; Klein, *Lukasevangelium*, 443 は、ルカが譬え話中の登場人物の独白という文学的手法を用いて人間の行動動機を開示し、読者に対する修辞的効果を挙げようとしていることに着目する。

にあり、それを左右することはできないという知恵文学的な認識がある（コヘ 8:8; 知 15:8; ヤコ 4:14–15）。「神は与え、また取り給う」のである（ヨブ 1:21）。人間は思い煩っても自分のいのちを延ばすことはできない（マタ 6:27; ルカ 6:25）。財産をため込んでも自分のいのちを延ばすことはできず（ルカ 12:15）、その夜にもいのちが取り去られるということが起こりかねない（12:20）。人間は死後の世界にまで財産を持って行くことはできず、それは誰か他の人間のものになる運命にある。このことは既に詩 49:17–18 やシラ 11:18–19 が指摘しており、知恵文学の伝統では一つの確立した認識となっている（ヤコ 4:13–15 も参照）[281]。結論のところでイエスは、「自分のために富を積んでも、神の前に豊かでないものはこの通りである」と宣言しているが、これは福音書記者が加えた解釈句であろう（12:21）[282]。この譬え話の結末は結局のところ、神の御心を行って、天に宝を積んで「神の前に豊かになる」ことを勧めているとルカは解釈したのである（マタ 6:19–21; ルカ 12:33–34; I テモ 6:18 を参照）[283]。

　「泥棒の襲来の譬え話」（ルカ 12:39–40）にはマタ 24:43–44 に並行箇所があり、Q 資料から採られている[284]。泥棒の襲来の譬えの並行伝承はトマス福音書や（トマ福 21; 103）、パウロ書簡や（I テサ 5:2, 4）、公同書簡や（II ペト 3:10）、黙示録（黙 3:3; 16:15）にも見られ、終末への備

281　Heininger, *Metaphorik*, 41–42; Bovon, *Lukasevangelium*, 2:286–287; Hultgren, *The Parables of Jesus: A Commentary*, 105 を参照。

282　Heininger, *Metaphorik*, 110; Fitzmyer, *Luke*, 2:972; Bovon, *Lukasevangelium*, 2:273; C. W. Hedrick, *Parables as Poetic Fictions: The Creative Voice of Jesus* (Peabody, MA: Hendrickson,1994), 143; なお、トマ福 63 が保存する並行伝承は、「聞く耳のある者は聞くが良い」という警告で結ばれている。

283　Bovon, *Lukasevangelium*, 2:287–288; Garland, *Luke*, 517.

284　Robinson et al., *The Critical Edition of Q*, 360–363; Roth, *The Parables in Q*, 164–187; 山田『Q 文書』、86–87 頁を参照。

4. イエスの譬え話の釈義的・文学的考察　　93

えを勧める言葉として初代教会に広く流布していたことが伺われる。

　この譬え話は、「次のことを弁えていなさい」という導入句で始まる（ルカ 12:39a）。譬え話の本体部分は、家の主人は泥棒がいつ来るか分かっていたら、家に押し入ることを許さないことを確認する（ルカ 12:39b）。この譬え話の結びの句（ルカ 12:40）は解釈句であり、泥棒の到来と同様に終末時における人の子の来臨が予告なしに起こるという認識に立って、何時来ても良いように常に備えているようと勧めている（I テサ 5:2, 4; II ペト 3:10; 黙 3:3; 16:15 を参照）。

　「忠実で賢い管理人の譬え話」は（ルカ 12:42–48）、マタ 24:45–51 に並行箇所があり、話の本体部分（ルカ 12:42–46）は Q 資料から採録されている[285]。この譬え話は、主が来臨する時が遅延していることを前提に、終末期待が弛緩し、管理人の職務を託されている僕が慢心に陥って職務を怠り、他の僕たちに対して非倫理的な振る舞いをしても構わないといった思いを起こすことを戒め（12:45 の独白を参照）、忠実に職務を果たすことを勧めている[286]。この譬え話は終末の遅延の問題に直面していた教会に由来するものであろう。ここでは問題になっているのは、主人の財産の管理を託された管理人であるので、教会の指導者たちの慢心に対する警告として語られている（ルカ 12:41 を参照）[287]。教会における指導者たちの責任はキリスト教が運動体の段階であった Q 資料の段階に置いても既に意識されていたが、より組織化が進んだルカ文書の教会では、彼らは大牧

285　Robinson/Hoffmann/Kloppenborg eds., *The Critical Edition of Q*, 400–403; Roth, *The Parables in Q*, 298–312; Christine Gerber, "Es ist stets höchste Zeit (Vom treuen und untreuen Haushalter): Q12,42–46," in Zimmermann ed., *Kompendium*, 161–170; 山田『Q 文書』、88–89 頁を参照。

286　Klein, *Lukasevangelium*, 464.

287　Fitzmyer, *Luke*, 2:986, 989; Bovon, *Lukasevangelium*, 333–334; Gerber, "Es ist stets höchste Zeit," in Zimmermann ed., *Kompendium*, 167.

者であるキリストから教会の群れを率いる役割を託された牧者として（使 20:28; I ペト 5:2 を参照）、忠実に誠意を持って群れの世話をする役割を果たすことが求められていたのである。

「実らないイチジクの木の譬え話」（ルカ 13:6–9）はルカ福音書に固有であり、他の福音書には見られない。この譬え話は導入句なしに始まり、本体部分が直ぐに述べられる。ある人が自分の葡萄園にイチジクの木を植えておき、3 年後に実を採るために見に来たが（13:6; さらに、レビ 19:23 も参照）、実は見当たらなかったので園丁に切り倒したいという希望を告げる（13:6–7）。園丁は木の周りを掘って肥料をやるか来年まで待ち、それでも実を結ばないなら切り倒すように願う（13:8–9）。神を葡萄園の所有者に、イスラエルを葡萄園に譬える習慣は旧約聖書に遡るが（イザ 5:1–3 を参照）、イスラエルの民をイチジクの木に譬える文学的伝統もある（エレ 8:13; 24:5–7; 29:17; ホセ 9:10）。特に、実を付けることのないイチジクは、イスラエルの不信仰の象徴ともなっている（エレ 8:13; ミカ 7:1; ハバ 3:17）。こうした旧約聖書の文学的伝統を踏まえると、この譬え話が神を葡萄園の所有者に、イエスを園丁に、イスラエルをイチジクの木に譬えているのは明らかである[288]。イチジクの木が実を結ぶとはこの場合は福音を聞いてイスラエルが回心すること、つまり、宣教活動が成果を挙げることを指している。実を結ばない木を切り倒すことは終末の裁きの象徴であろう（マタ 3:10; ルカ 3:9; ヨハ 15:2–8 を参照）。今までのイスラエルに対する宣教活動は十分に成果を挙げることはなかったが、イエスの執り成しによって猶予期間が与えられたので、もう暫く経ってから切り倒すかどうかが決定されることになる（ルカ 13:8）[289]。

---

288 Heininger, *Metaphorik*, 129.

289 Jeremias, *Die Gleichnisse Jesu*, 129; Fitzmyer, *Luke*, 2:1005; Nolland, *Luke*, 2:719; Bock, *Luke*, 2:1210; Garland, *Luke*, 540–541; Hultgren, *The Parables of Jesus*, 244–246 を参照。

4. イエスの譬え話の釈義的・文学的考察 | 95

　「狭い戸口から入る譬え話」（ルカ 13:24–27）にはマタ 7:13–14 に並行箇所があり、Q 資料から採られた言葉である[290]。両者の文言はかなり異なっており、マタイ版の譬えが、簡潔な格言風の語録であるのに対して、ルカ版の譬え話は物語性を伴う問答の形式を採っている。マタイ版の譬え話は、狭い門から入るのか、広い門から入るのか生き方の選択の問題を提示しているのに対して、ルカ版の譬え話は、戸口が閉められてからは、懇願しても入れてもらえなくなるから、早く入ろうと努力するように勧め、迅速な行動を起こす必要性を強調している。この場合、戸口は神の国の入り口を象徴している（創 28:17; 黙 4:1）[291]。戸を開けて入れるかどうか判断する家の主人は神を表しているであろう（マタ 7:7–8; ルカ 11:10 を参照）。戸口が狭いことは誰でも入れる訳ではないことを表しており、神の国の福音を聞いて信じる者だけが救われることを示唆している[292]。

　「盛大な祝宴の譬え話」（ルカ 14:16b–24）はマタ 22:1–10 に並行箇所がある[293]。両者の箇所はかなり相違しているので、原本の文言を正確に復元することは困難であるが、話の核は Q 資料に由来すると考えられる[294]。

290　James M. Robinson et al., *The Critical Edition of Q*, 406–413; 山田『Q 文書』、98–99 頁を参照。

291　Fitzmyer, *Luke*, 2:1022, 1025; Wolter, *Lukasevangelium*, 491; Dirk Jonas, "Tretet ein! (Von der verschlossenen Tür): Q 13,24–27 (Mt 7,22f.; 25:10–12/Lk 13,24–27)," in Zimmermann ed., *Kompendium*, 193.

292　Jonas, "Tretet ein!," 196; Bock, *Luke*, 2:1234–1235; Bovon, *Lukasevangelium*, 2:434.

293　外典福音書のトマス福音書の語録 64 にも遠い並行箇所がある。

294　Weder, *Die Gleichnisse Jesu als Metaphern*, 177–178; Robinson et al., *The Critical Edition of Q*, 432–449; Roth, *The Parables in Q*, 128–143; L. Schottroff, "Von der Schwierigkeiten zu teilen (Das große Abendmahl): Lk 14,12–24 (EvThom 64)," in Zimmermann ed., *Kompendium*, 593; 山田『Q 文書』、272–275 頁を参照。

ルカ版の話では、この譬え話は、「幸いです、神の国で食事をする人は」という食事を共にしている客の一人の発言に対する応答として語られている（ルカ 14:15–16a）。なお、14:24 はルカが付け加えた編集句であり、導入句の 14:15 と呼応して、譬え話を枠付け、囲い込んでいる。

　譬え話によると、ある人が大規模な宴会を開くことを企画し、多くの人を招く（14:16b）。宴会の準備ができると、その人は僕を送って、富裕な招待客たちを呼びにやったが、彼らは色々な生活上の事柄を理由に来ようとはしなかった（14:17–20）。そこで家の主人は僕に、町の広場や大通りに出て行って、「貧しい者、体の不自由な者、目の見えない者、足の不自由な者」を連れて来なさいと命じた（14:21）。僕は言われた通りに行うが、それでも宴会に席の余裕があることを報告する（14:22）。主人は通りや小道に出て行って、無理にでも連れてくるように命じた上で（14:23）、「あなた方に言うが、あの招かれた者たちの中で私の食事を味わう者は一人もいない」と述べる（14:24）。

　究極の救いを神の国の食事に譬えることは旧約聖書やユダヤ教黙示文学に由来するイメージであり（イザ 25:6–8; 55:1–2; 65:13–14; エチ・エノ 62:14）、確立した初代教会の伝統となっている（マタ 26:29; ルカ 13:29; 16:22; 22:16, 18, 30; 黙 3:20; 19:9）[295]。他方、この譬え話における再度の招待の記述は（14:21）、イエスの宣教において語られた、「目の見えない人が見え、足の不自由な者が歩き、重い皮膚病を患う者が清くされ、耳が聞こえない者が聞こえ、死者が甦り、貧しい者が福音を聞いている」という言葉に対応している（ルカ 7:22; さらに 4:18 を参照）[296]。この譬え話

295　Weder, *Die Gleichnisse Jesu als Metaphern*, 188; Bock, *Luke*, 2:1271–1272; Bovon, *Lukasevangelium*, 2:508; Schottroff, "Von der Schwierigkeiten zu teilen," in Zimmermann ed., *Kompendium*, 598; Roth, *The Parables in Q*, 141.

296　Hultgren, *The Parables of Jesus*, 337 を参照。

は、イエスの福音がイスラエルの社会の主流を担う人々ではなく、疎外された弱い立場の中にある人たちの間で受け入れられている現状を説明している[297]。また、会場を満たすために三度目の招待を発することは、ユダヤ人の拒否によって救いへの招きは異邦人に及んだことを示唆している（使13:46–48 を参照）[298]。この譬えは、教会の福音宣教の歴史を振り返り、救済史的展望の中においている[299]。

マタイ版の話では、この祝宴は王が王子の婚礼の祝いとして設定されている（マタ 22:2「天国は息子のために祝宴を催す王に比べられる」）。ここには終末時に行われる天上の祝宴のイメージが投影されていると思われる（黙 19:7–9; マタ 25:10 を参照）。祝宴の用意ができると王は家来たちを送って招待客を呼びにやったが、彼らは来ようとはしなかった（22:3–5）。そこで王は家来を再度送って、町の大通りで見かけた者はすべて連れて来たために、婚宴の会場は人で一杯になった（22:8–10）。王は婚宴の客の中に礼服を着ていない者がいるのを見つけて、家来に命じて外の闇に放り出すように命じる（22:11–13）。譬えは「招かれる者は多いが、選ばれる者は少ない」という解釈句で結ばれている（22:14）。ルカ版の話と違って、マタイ版では祝宴が王子のために王が開催した婚礼の祝いとなっているが、王は神を王子はイエス・キリストを示唆しており、キリスト論的な関心が強く表れている（マタ 22:2）[300]。また、家来が最初に

297　Kähler, *Jesu Gleichnisse als Poesie und Therapie*, 129–130; Fitzmyer, *Luke*, 1053–1054; Bovon, *Lukasevangelium*, 2:512–513; Labahn, "Das Reich Gottes und seine performativen Abbildungen," 269.

298　Kähler, *Jesu Gleichnisse als Poesie und Therapie*, 130; Fitzmyer, *Luke*, 2:1053; Bock, *Luke*, 2:1277; Bovon, *Lukasevangelium*, 2:513; Hultgren, *The Parables of Jesus*, 338; Roth, *The Parables in Q*, 139, 142–143 を参照。

299　Weder, *Die Gleichnisse Jesu als Metaphern*, 192; Hultgren, *The Parables of Jesus*, 337 を参照。

300　Weder, *Die Gleichnisse Jesu als Metaphern*, 190; Donahue, S.J., *The*

客のところへ呼びに入ったときに、ある者たちは家来たちを虐待して殺害したので、王は怒って軍隊を送り、彼らを滅ぼし、町を焼き払っている（22:7）。この婚礼の祝いとは程遠い残虐なエピソードには、エルサレムのユダヤ人当局によるキリスト教迫害の記憶と（使8:1–3）、後に起こったユダヤ戦争時のエルサレム陥落の出来事の記憶（マタ23:37–39; ルカ13:34–35）が反映されているのであろう[301]。この譬え話自体はQ教団に由来するが、マタイはそれを歴史的記憶に従って再解釈したのであった。他方、礼服を着ていないものが排除されるくだりでは、祝宴に参列することが究極的救いに与ることを、礼服を着用することが主の御心に従って福音に相応しい生き方を送ることを象徴しており、キリスト教徒へのメッセージとなっている[302]。

　「塔の建設の譬え話」（ルカ14:28–30）と「進軍の譬え話」（14:31–32）には共観福音書の並行箇所がなく、ルカ特殊資料に由来する。二つの譬え話は一対をなしており、イエスに付いてくる群衆に向かって語られている（14:25, 33）。弟子たる者は自分の家族や自分のいのち以上にイエスを尊重し、「自分の十字架を背負って付いて来る者でなければ」イエスの弟子にはなれないという厳しい言葉が語られた後に（14:25–28）、弟子となる心構えの例証として二つの譬えが語られ、「同じように、あなた方の内で自分の持ち物をすべて捨てる者でなければ、誰一人として私の弟子にはなれない」という言葉で結ばれている（14:33）。

      Gospel in Parable, 94; Münch, *Die Gleichnisse Jesu*, 196–197, 199.

301   Linnemann, *Gleichnisse Jesu*, 93; Weder, *Die Gleichnisse Jesu als Metaphern*, 190–191; Harnish, *Die Gleichniserzälungen Jesu*, 233; Luz, *Matthäus*, 3:242; Davies/Allison, *Saint Matthew*, 3:201; Hagner, *Matthew*, 2:630; Lambrecht, *Out of the Treasure*, 133; Hultgren, *Parables*, 345 を参照。

302   Linnemann, *Gleichnisse Jesu*, 93–94; Luz, *Matthäus*, 3:245; Hagner, *Matthew*, 2:631; Lambrecht, *Out of the Treasure*, 135–136; Hultgren, *Parables*, 347–348; Erlemann, *Das Bild Gottes*, 187–188 を参照。

4. イエスの譬え話の釈義的・文学的考察 | 99

「塔の建設の譬え話」においてイエスは、「あなたたちの内の誰が……だろうか？」という修辞的疑問文を用いて語り始めている（14:28）。通常の弁論において質問は争点についての事実確認のためになされる（クウィンティリアヌス『弁論家の教育』3.11.1–4）[303]。これに対して、イエスが用いる修辞的疑問文は教育的目的を持っており、譬えられていることが自明の事実であることを聴き手に意識させ、彼らを譬え話の世界に参与させようとしている（ルカ 11:5, 11; 12:25; 14:4 を参照）[304]。「塔の建設の譬え話」では、塔を建設する者は建設にかかる費用をしっかりと計算した上で、建設に取り掛かることを強調し（14:28–29）、「進軍の譬え話」では王が戦いを始める前に自分と敵方の兵力を比較し、相手の方が優っている場合は、戦争よりも和平を求めるとしている（14:31–32）。両者の譬え話は、当時の社会状況の中でイエスの弟子となり、信仰を貫くためには大きな代価を支払わなければならないことを予め自覚するように促している[305]。

ルカ福音書15章には三つの譬え話が記されている（ルカ 15:3–7; 15:8–10; 15:11–32）。これらの譬え話は、イエスの話を聞こうとして徴税人や罪人が近寄って来たことに対して、ファリサイ派や律法学者たちが呟き、「この人は罪人たちを迎えて食事を一緒にしている」と言ったことに答えてイエスが語ったという設定になっている（ルカ 15:1–3）。譬えの機能を修辞学は論証手段の一つである例証（παράδειγμα）であるとしてい

---

303 Lausberg, *Handbuch*, §81–90.

304 Bovon, *Lukasevangelium*, 2:537–538; G. Sellin, "Die Kosten der Nachfolge (Das Doppelgleichnis vom Turnbau und vom Krieg): Lk 14,28–32," in Zimmermann ed., *Kompendium*, 607.

305 Fitzmyer, *Luke*, 2:1062; Klein, *Lukasevangelium*, 315; Wolter, *Lukasevangelium*, 518–519; Erlemann, *Fenster zum Himmel*, 106; Sellin, "Die Kosten der Nachfolge," 605.

るが（アリストテレス『弁論術』1393a–b）、ここでは三つ譬え話が、イエスの振る舞いが正当であることを立証する弁明（ἀπολογία）の機能を果たしている[306]。

「失われた羊の譬え話」（ルカ 15:4–7）にはマタ 18:12–14 に並行箇所があり、Q 資料から採用されていることが分かる（トマ福 107 が伝える並行伝承も参照）[307]。ルカ版の譬え話においてイエスは、「あなたたちの内の誰が……しないだろうか？」という修辞的疑問文を用いて語り始めている（15:4）。この句は聴き手の同意を当然の前提としており、彼らに譬えられていることが身近なことであることを意識させ、譬え話の世界に参与させようとしている（ルカ 11:11; 12:25; 14:4, 28 を参照）[308]。譬え話によると、ある羊飼いが羊を 100 匹飼っていて放牧中に 1 匹がいなくなってしまった時に、99 匹を荒野に残していなくなった 1 匹を探す。ルカ版の話については特に羊飼いの喜びを強調する脚色がなされており、羊飼いは羊を見つけたら喜んでその羊を肩に担いで家に帰り、友達や隣人と共に喜びを分かち合う（15:5–6）。譬えの最後に福音書記者によって挿入された解釈句があり、「あなた方に言っておくが、悔い改める罪人については、悔い改める必要のない 99 人の義人に対してよりも大きな喜びが天にあ

---

306 Harnish, *Die Gleichniserzählungen Jesu*, 226; Heininger, *Metaphorik*, 145; Nolland, *Luke*, 2:769; Bock, *Luke*, 2:1299; Bovon, *Lukasevangelium*, 3:15; Klein, *Lukasevangelium*, 523; A. Merz, "Last und Freude des Kehrens (Von der verlorenen Drachme): Lk 15,8–10," in Zimmermann ed., *Kompendium*, 610.

307 Weder, *Die Gleichnisse Jesu als Metaphern*, 170; Robinson et al., *The Critical Edition of Q*, 478–483; Zimmermann, *Parabeln in der Bibel*, 206, 224; 山田『Q 文書』、279–281 頁を参照。

308 Wolter, *Lukasevangelium*, 524–525; Zimmermann, *Parabeln in der Bibel*, 208–209.

る」と宣言する（15:7）[309]。失われた羊に象徴される罪人が、15 章の冒頭に出てくる徴税人や罪人たちのことを念頭に置いていることと、失われていない 99 匹の羊に象徴される義人たちが、ファリサイ派や律法学者たちのことを言っていることは、文脈上明らかである（15:1–2 を参照）[310]。羊が悔い改めることはないが、羊飼いが連れて帰る結果、本来の場所に立ち返る結果となっているので、悔い改めて神に立ち返った罪人の象徴となっている[311]。この譬え話は徴税人や罪人たちを受け入れて食事さえ共にしているイエスの振る舞いが、罪人の悔い改めることを喜ぶ神の御心に適っていることを示し、ファリサイ派や律法学者たちのクレームを斥けている（ルカ 5:29–32 を参照）[312]。

「無くした硬貨の譬え話」（ルカ 15:8–10）には並行箇所がなく、ルカ特殊資料に由来する言葉伝承である[313]。ある女性が持っていた 10 ドラクマの銀貨のうち一つを無くしたが、彼女はそれを見つけるまで徹底的に

---

309 Weder, *Die Gleichnisse Jesu als Metaphern*, 169.

310 Harnish, *Die Gleichniserzälungen Jesu*, 227; Wolter, *Lukasevangelium*, 526; Zimmermann, *Parabeln in der Bibel*, 209–210.

311 Bock, *Luke*, 2:1302.

312 Jeremias, *Die Gleichnisse Jesu*, 110–111; Weder, *Die Gleichnisse Jesu als Metaphern*, 174–175; Fitzmyer, *Luke*, 1075; Harnish, *Die Gleichniserzählungen Jesu*, 228–229; Hultgren, *The Parables of Jesus*, 59–61; Synodgrass, *Stories with Intent*, 107; Zimmermann, *Parabeln in der Bibel*, 219–220 を参照。

313 ただし、J. Kloppenborg, *Excavating Q: The History and Setting of the Sayings Gospel* (Minneapolis: Fortress, 2000), 97; E. van Eck, "A Realistic Reading of the Lost Coin in Q: Gaining or Losing even More," in T. E. Goud/J. R. C. Cousland/J. Harrison eds. *Encountering the Parables in Contexts Old and New* (LNTS671; London: T & T Clark, 2023), 77–78 は、先行する失われた羊の譬え話（ルカ 15:4–9）との類似性・平行性を理由にこの譬え話が Q に由来するとしているが、賛成できない。

探す（15:8）。見つけたら、彼女は友達と近所の人々を集めて一緒に喜ぶ（15:9）[314]。イエスは、「あなた方に言っておくが、一人の罪人が悔い改めれば、神の天使たちの間に喜びがある」と宣言する（15:10）。話のポイントは失われたもの（罪人）を探し求める神の愛と喜びである[315]。それは失われた羊の譬え（15:4–7）の場合と似ているが、結びに置かれた福音書記者の解釈句には罪人と義人の対照がなく、専ら罪人の悔い改めの主題に焦点が当てられている。譬え話に出てくる銀貨自体が悔い改めることはないが、女性が見付けて本来の場所に戻す結果となっているので、悔い改めて神に立ち返った罪人の象徴となっているのであろう[316]。

　「放蕩息子の譬え話」（ルカ 15:11–32）はルカ特殊資料に由来する長大な譬え話であり、非常に劇的な内容を持っている[317]。譬え話には父親と二人の息子が登場する。財産を死後に相続する慣習（民 27:8–11; 申 21:15–17）に反して、弟の方が父の生前に財産分与を申し入れ（シラ 33:20 を参照）、それを換金して遠い国へ赴き、放蕩の末に財産を使い果たしてしまう（15:12–15）。しかし、後に困窮して彼は我に返り、父のところに戻って行くことを決意するが、その心中の思いは独白として読者に開示される（15:17–19）。父は帰って来た息子を憐れみ（15:20）、息子の謝罪の言葉を聞き（15:21）、最上の歓迎をして祝宴を設けた（15:22–24）。この歓迎に兄が不満を持ち、寛大な父の対応に不平を言うが（15:25–30）、父親は、「お前のあの弟は死んでいたのに生き返った。いなくなったのに見つかったのだ。祝宴を設けて楽しみ喜ぶのは当然で

314　この部分は、恐らく福音書記者ルカによる脚色であろう（15:6 を参照）。

315　Fitzmyer, *Luke*, 2:1080; Bovon, *Lukasevangelium*, 3:33.

316　Nolland, *Luke*, 2:775; Kähler, *Jesu Gleichnisse als Poesie und Therapie*, 115–116; Merz, "Last und Freude des Kehrens," 616; Erlemann, *Fenster zum Himmel*, 108.

317　Weder, *Die Gleichnisse Jesu als Metaphern*, 252–254.

4. イエスの譬え話の釈義的・文学的考察 | 103

はないか」と言って斥ける（15:31-32）。この譬え話において、放蕩息子
の帰還を喜ぶ寛容な父親が神を、悔い改めた放蕩息子が徴税人や罪人たち
を、不平を言った兄がファリサイ派や律法学者たちを指していることは明
らかである[318]。先行する二つの譬え話には見られた解釈句が（15:7, 10 を
参照）、この譬え話には付けられていないが、この話は徴税人や罪人たち
を受け入れて一緒に食事さえしているイエスの振る舞いへの批判に反論
し、神の御心に適っていることを示すために語られている[319]。そうする
と、イエスの振る舞い自身が旧約聖書の預言者の象徴行動のように（例
えば、エレ 16:1-8; 32:6-15 を参照）、失われた者に対する神の愛と喜び
のメタファーとなっている。イエスの振る舞いと言葉（譬え話）がメタ
ファーとして呼応し合っていることになる[320]。

　「不正な管理人の譬え話」（16:1-8）はルカ特殊資料から採られており、
他の福音書に並行箇所はない。ある金持ちがいて、その財産の管理を一人
の管理人に任せていた（16:1a）。管理人が管理財産を浪費しているとい
う情報があったので、主人は彼を呼び出して、会計報告をするように求

318　Jeremias, *Die Gleichnisse Jesu*, 108; Weder, *Die Gleichnisse Jesu als
　　Metaphern*, 260-262; Fitzmyer, *Luke*, 2:1085; Rau, *Reden in Vollmacht*,
　　199-201, 210, 212; Heininger, *Metaphorik*, 29, 161-166; Hultgren, *The
　　Parables of Jesus*, 81, 86-87; Erlemann, *Das Bild Gottes*, 135; Merz, "Last
　　und Freude des Kehrens," 629 を参照。

319　Jeremias, *Die Gleichnisse Jesu*, 106, 115-116 Nolland, *Luke*, 2:780; Bock,
　　Luke, 2:1306; Wolter, *Lukasevangelium*, 541-542; Merz, "Last und Freude
　　des Kehrens," 631.

320　Weder, *Die Gleichnisse Jesu als Metaphern*, 275-276; Fitzmyer, *Luke*,
　　2:1086; Nolland, *Luke*, 2:781; C. Münch, "Der erzählte Erzähler: Jesu
　　Gleichnisse in den synoptischen Evangelien," in J. Schröter/K. Schwarz/
　　S. Al-Saudi eds., *Jesu Gleichnisse und Parabeln in der frühchristlichen
　　Literatur*, 127.

め、解雇することを申し渡した（16:1b–2）。管理人は解雇に備えて自分
に好意を持つ者を作るために、主人に負債がある者たちの証文を書き換
え、負債を軽減してやった（16:5–7）。その間の管理人の心の動きは、そ
の独白によって読者に開示されている（16:3–4 を参照）。主人はこの不正
な管理人のずる賢いやり方を賞めて、「この世の子らは光の子らよりも自
分たちの仲間に対して賢い」と言っている（16:8）[321]。なお、弟子たちに
不正な富で友達を作るように勧める言葉（16:9）は、イエスが語った本
来の譬え話の一部ではなく、二次的に付加された解釈句である[322]。

　不正行為をした管理人が賞められる内容は譬え話を聞く者を戸惑わせ
る。この話は信徒たちに一体何を教えようとしているのだろうか？　信
徒たちは「光の子ら」の方に分類されており（ヨハ 12:36; エフェ 5:8; I
テサ 5:5; 死海文書『共同体の規則』1.9; 2.16; 3.13, 24, 25;『戦いの巻
物』1.3, 9, 11, 13 を参照）、「この世の子ら」（『ダマスコ文書』20.34 を
参照）ではないので、同じような不正をするように勧められているのでは
ない[323]。しかし、彼らもこの世に生きている以上は、「この世の子ら」と
の折衝は避けられない。アイロニーを込めて過ぎ去るべきこの世にはこの
ようなずる賢さが賞賛されることもあることを示して、「鳩のように直く、
蛇のように賢く」（マタ 13:16）この世を生きるように促しているのであ
ろうか[324]。

321　ルカ 16:9–13 の語録は二次的な拡張部分であり、本来の譬え話には属してい
　　　ない。この点については、Klein, *Lukasevangelium*, 537 を参照。

322　Bovon, *Lukasevangelium*, 2:73.

323　Klein, *Lukasevangelium*, 541–542 を参照。文字通り不正をすることを勧め
　　　ているという L. Thurén, *Parables Unplugged: Reading the Lukan Parables
　　　in their Rhetorical Context* (Minneapolis: Fortress, 2014), 114–115, 120–
　　　122 の解釈に反対する。

324　Fitzmyer, *Luke*, 2:1098–1099; Bovon, *Lukasevangelium*, 3:79; S. Porter,
　　　"The Parable of the Unjust Steward (Luke 16:1–13): Irony is the Key," in

4. イエスの譬え話の釈義的・文学的考察 | 105

　「金持ちと貧者ラザロの譬え話」（ルカ 16:19–31）もルカに固有な譬え話であり、並行箇所は存在しない。この話には金持ちと貧者のラザロが出てくる。金持ちは地上の生活において贅沢な暮らしをしていたが、ラザロは貧しく金持ちの家の食卓からこぼれた食物で飢えを満たしたいと思い、その門の前に横たわっていた（16:19–20）。しかし、両者の死後の運命は逆であり、ラザロの方は天上でアブラハムの宴席に連れて行かれたのに対して、金持ちは陰府で苦しむことになる（16:22–23）。金持ちが天上のアブラハムに窮状を訴えるとアブラハムは、地上で良い暮らしをしていた者は死後の世界では苦しみ、生前に苦しい暮らしをしていた者は死後の世界では良い生活をして慰められるという内容のことを告げる（16:25–26）。さらに、金持ちはアブラハムにラザロを 5 人の兄弟のところへ使わして、このような目に遭わないように言い聞かせてくれるように頼む（16:27–28）。アブラハムはその願いを断り、モーセと預言者に聞くように勧める（16:29, 31）。この譬え話は一つの例話であり、死後の運命が、地上の運命とは逆になり、今、貧困にあえぐ者は、天国では豊かさに預かり、地上の生涯において富を享受した者は、陰府で苦しむことになることを告げている。神の国における運命の逆転の主題は、マリアの讃歌（1:46–55）や、平野の説教冒頭の幸いと禍の宣言（6:20–26）に出てきており、ルカ福音書の基本的な姿勢を示している。この譬え話のポイントは、富める者たちに悔い改めて神の御心を行い、聖書に聴きつつ貧者に配慮した生活を行うように警告することにある（16:29–31）[325]。

---

　　　ed. D. J. A. Clines, *The Bible in Three Dimensions* (Sheffield: JSOT, 1990), 127–153; Tim Schramm/Kathrin Löwenstein, *Unmoralische Helden: Anstößige Gleichnisse Jesu* (Göttingen: Vandenhoeck & Ruprecht, 1986), 20–21 を参照。

325　Heininger, *Metaphorik*, 190–191; Fitzmyer, *Luke*, 2:1127; Bovon, *Lukasevangelium*, 3:112–113; Hultgren, *The Parables of Jesus*, 115–116; J. Leonhardt-

「やもめと不正な裁判官の譬え話」（ルカ 18:2–8a）もルカ特殊資料に由来し、他の福音書に並行箇所はない[326]。この譬え話は現在の文脈では、語り手による導入の言葉が示すように（18:1）、失望せず神に祈り続けることを勧める例話として語られている（11:5–8; 21:36 も参照）[327]。話に登場する裁判官は、傲慢で「神を畏れず、人と人とも思わない」人物である（18:4）[328]。しかし、彼は一人のやもめが執拗に訴えるので、その願いを聞いてやることにするが、その心の動きは独白によって読者に開示される（18:2–5）。不正な裁判官でさえ執拗に頼めば聞いてくれるのだから、「神は日夜祈り続ける選ばれた者たちに対して裁きを行わず、彼らを放っておくことがあるだろうか？」という修辞的疑問文で話は締め括られる（18:7–8a）。ここでは、修辞学の推論法にも（クウィンティリアヌス『弁論家の教育』5.10.87）、ラビ的議論法にも（『ミシュナ』「アボート」1.5）用いられている「小から大へ（a minore ad maius）の推論」の

Balzer, "Wie kommt ein Reicher in Abrahams Schoß? (Vom reichen Mann und armen Lazarus): Lk 16,19–31," in Zimmermann ed., *Kompendium*, 657–658 を参照。

[326] ルカ 18:1 と 18:8b は福音書記者により挿入された編集句であり、元々の譬え話には含まれていない。この点については、Fitzmyer, *Luke*, 2:1076; Bovon, *Lukasevangelium*, 3:188; Kähler, *Jesu Gleichnisse als Poesie und Therapie*, 152 を参照。

[327] Heininger, *Metaphorik*, 207–208; Nolland, *Luke*, 2:866, 871; Bock, *Luke*, 2:1446–1447; Bovon, *Lukasevangelium*, 3:186, 189–190; Klein, *Lukasevangelium*, 577; Wolter, *Lukasevangelium*, 586; Erlemann, *Fenster zum Himmel*, 127; idem., *Gleichnisse*, 206, 209, 211; Annette Merz, "Die Stärke der Schwachen (Von der bittenden Witwe): Lk 18,1–8," in Zimmermann ed., *Kompendium*, 668.

[328] そのような人物がイスラエルの指導者の中に見られたことは、ヨセフス『古代誌』10.83 を参照。

4. イエスの譬え話の釈義的・文学的考察 | 107

手法が使用されている[329]。不正な裁判官と神を対照した上でたゆまず祈願し続けるように勧めることは、奇抜な語り方であるように見受けられる。聖書において神が裁判官に譬えられる際には、その裁きは常に義しいとされる一方で（詩 7:12; 9:5, 8–9; 50:6; 96:13; 97:2; 98:9; 99:4; 119:75; ロマ 3:26）、神は孤児とやもめの権利を擁護する方とされていたからである（申 10:17–18; シラ 35:17–19）。

「ファリサイ派と徴税人の祈りの譬え話」（18:10–14a）もルカ固有の例話であり、並行箇所はない[330]。話にはファリサイ派と徴税人の二人が登場し、祈りを捧げる。ここでは、祈りに関する二つの対照的な態度が提示されている[331]。二人は祈るためにエルサレムの神殿に出かけ、それぞれ祈りを捧げる。ファリサイ派は当時の社会の中で特に律法を厳格に守るグループとして知られていた（ヨセフス『ユダヤ古代誌』13.297–298; 18.15）。ファリサイ派の男は心の中で、自分が倫理的に正しく、敬虔な生活を送っている者であることを誇り、徴税人のような者でないことを神に感謝している（18:10–12）。このような敬虔さを誇り、神に感謝する祈りは、ラビ文献にも見られるが（『バビロニア・タルムード』「ベラホート」28b）[332]、

---

329 Jeremias, *Die Gleichnisse Jesu*, 119; Heininger, *Metaphorik*, 206; Bock, *Luke*, 2:1450; Hultgren, *The Parables of Jesus*, 258; Wolter, *Lukasevangelium*, 414; Roth, *The Parables in Q*, 372; Erlemann, *Fenster zum Himmel*, 127; idem., *Gleichnisse*, 209; Merz, "Die Stärke der Schwachen," 670–671 を参照。

330 ルカ 18:9 は福音書記者により挿入された編集句であり、読者に譬え話を解釈する視点を与えている。Kähler, *Jesu Gleichnisse als Poesie und Therapie*, 191; Heininger, *Metaphorik*, 199; T. Popp, "Die Werbung in eigener Sache (Vom Pharisäer und Zöllner): Lk 18,9–14," in Zimmermann ed., *Kompendium*, 681, 687 を参照。

331 Bock, *Luke*, 2:1458; Wolter, *Lukasevangelium*, 592.

332 Jeremias, *Die Gleichnisse Jesu*, 116.

ここでは修辞的効果を挙げるために人物像がかなり誇張されている。それとは対照的に、徴税人は遠くに立ってうつむいて胸を打ちながら、「神よ、罪人の私を憐れみ下さい」と懺悔の祈りを捧げた（ルカ 18:13）。神の前で義とされて帰宅したのは、ファリサイ派ではなく、徴税人の方であった（ルカ 18:14a）。「神は打ち砕かれた霊、悔い改めた心を侮ることはない」からである（詩 51:19; 138:6 を参照）。ルカが付け加えた編集句によれば、イエスはこの譬え話を自分が義人であると自負し、他人を見下している人々への警告として語っており（ルカ 18:9）、「誰でも高ぶる者は低くされ、へりくだる者は高くされる」という格言で締め括っている（18:14b; さらに、マタ 23:12; ルカ 1:51–52; 14:11; ヤコ 4:10; I ペト 5:6 を参照）[333]。この結論は聴き手である弟子たちに対して、信仰生活において敬虔さを誇って自己義認に陥ることを戒め、自分の罪を認めて神の前にへりくだることを勧めている[334]。

　「ムナの譬え話」（ルカ 19:12–27）はマタ 25:14–30（「タラントンの譬え話」）に並行箇所があり（マコ 13:34 にも遠い並行伝承がある）、話の輪郭は似ているので恐らく Q 資料から採られているのであろうが、細部はかなり相違している[335]。ルカ版の話ではある身分の高い人が王位を受けるために遠くに旅に出るときに、10 人の僕たちを呼んでそれぞれに 1 ムナ（＝合計 10 ムナ）のお金を託した（19:12–13）。時が経過して主人が帰って来た時に、清算が行われて、託された金額で 10 ムナの利益を得

333　Hedrick, *Parables as Poetic Fictions*, 2090 を参照。

334　Linnemann, *Gleichnisse Jesu*, 61–62; Fitzmyer, *Luke*, 2:1184–1185; Bock, *Luke*, 2:1461; Bovon, *Lukasevangelium*, 3:204; Heininger, *Metaphorik*, 218; Kähler, *Jesu Gleichnisse als Poesie und Therapie*, 209–210; Hultgren, *The Parables of Jesus*, 120; Popp, "Die Werbung in eigener Sache," 690–693 を参照。

335　両者は別の話であるとする見解も当然出てくる。この立場については、Hultgren, *The Parables of Jesus*, 283–284 を参照。

4. イエスの譬え話の釈義的・文学的考察 | 109

た僕と5ムナの利益を得た者たちは賞賛され、それぞれ10の町と5つの町の支配権を与えられた（19:16–19）。しかし、1ムナの金を布に包んでとっておいた僕は叱られ、託された金を取り上げられ、10ムナを持っている僕に与えられた（19:20–24）。既に彼は既に10ムナを持っていると言う僕たちの指摘に対して、主人は「あなたたちに言うが、持っている者はさらに与えられ、持たない者は持っているものまで取り上げられる」と言って苦情を斥けている（19:26）。この話では、託されたムナは単に守るだけでは不十分で、それを活用して収益を上げることが要求されているが、主人の帰還は、終わりの時におけるキリストの来臨を象徴し、清算は終末の裁きを意味しているのであろう（使17:31; Iコリ3:12–15を参照）[336]。遠くの国に旅して用事を終えて帰って来るには時間がかかるので、この譬え話は終末の時の到来までにある程度の時間が経過することを前提にしている（ルカ19:11を参照）[337]。僕たちが託されたムナを活用して金儲けをすることは、終末の到来以前の時に信徒として積極的な宣教活動をすることを意味しているのであろう[338]。この譬えでは主人は王位を受けるために遠くに旅立っているが（19:12）、それはローマ支配下のパレスチナではヘロデ家の君主が王位を安堵して貰うために、ローマまで出かけて皇帝に謁見することが必要であった事情を反映している（ヨセフス『古代誌』14.379–389）。王位を受けないように国民の一部が代表を送っ

---

336 Dodd, *The Parables of the Kingdom*, 146; Fitzmyer, *Luke*, 2:1232–1233; Klein, *Lukasevangelium*, 608; Wolter, *Lukasevangelium*, 620, 624–625; C. Münch, "Gewinnen oder Verlieren (Von den anvertrauten Geldern): Q19,12f.15–24.26," in Zimmermann ed., *Kompendium*, 246–247, 249–250; Roth, *The Parables in Q*, 126–127.

337 Dodd, *The Parables of the Kingdom*, 147; Bovon, *Lukasevangelium*, 3:292–293; Münch, "Gewinnen oder Verlieren," 240.

338 Weder, *Die Gleichnisse Jesu als Metaphern*, 209; Münch, "Gewinnen oder Verlieren," 250.

て工作したために（ルカ 19:14）、王位を与えられて帰還した王から報復されたことも（19:27）、ヘロデ王の死後に起こった、息子のアルケラオスの王位継承をめぐる歴史的記憶の反映であろう（ヨセフス『古代誌』17.299–320）[339]。

4.3 エルサレムで語られた譬え話

　イエス一行のエルサレム入城後に神殿で起こった宮清めの出来事の後（マコ 11:15–16）、イエスはユダヤ人指導者たちと厳しい対立のもとに置かれ、神殿の庭で彼らとの論争が繰り広げられた。神殿で教えるイエスの権威を巡る論争の後に（マコ 11:27–33 並行）、イエスは、「ぶどう園の主人と小作人の譬え話」を語っている（マコ 12:1–1 並行）[340]。この譬え話を語った相手は、すぐ前に行われた権威論争の相手であった「祭司長、律法学者、長老たち」であろう（11:27 を参照）。譬え話は葡萄園の所有者と小作人である農夫たちとの間に起こった収穫を巡る紛争を内容としている。所有者は収穫期になったので、貸し与えていた葡萄園の収穫物を受け取るために使者の僕を繰り返し派遣するけれども、小作人たちは使者を虐待し、また殺害して収穫物を渡さない。最後に所有者は愛する息子を送ったけれども、農夫たちは彼を殺して、放り出してしまった。そこで、所有者は怒って小作人の農夫たちを殺し、他の者に葡萄園を引き渡すことになるとされている。12:11–12 は解釈句であり、家造りによって捨てられた石が隅の頭石になったことを語る詩 118:22–23 の内容を想い起こすよう

339　Fitzmyer, *Luke*, 2:1235; Nolland, *Luke*, 3: 914; Bock, *Luke*, 2:1525–1526, 1534–1535; Bovon, *Lukasevangelium*, 3:293; Klein, *Lukasevangelium*, 609; Wolter, *Lukasevangelium*, 620, 624; Hultgren, *The Parables of Jesus*, 285; Münch, "Gewinnen oder Verlieren," 252 を参照。

340　この譬え話には、トマ福 65 に並行伝承が見られる。

に促している（使 4:11; I ペト 2:4, 6; トマ福 65 を参照）[341]。

　この譬え話は、農園の所有者と小作人の間に起こる収穫物の取り分を巡る紛争を誇張して描いている[342]。農園の所有者は神を（詩 80:8–18; イザ 5:1–2; 27:2–6; エレ 2:21 を参照）、僕たちは旧約の預言者たちを（エレ 7:25; 25:4; アモ 3:7; ゼカ 1:6 を参照）、愛する息子はイエスを表しているのに対して（マコ 1:11; 9:7 を参照）、小作人の農夫たちはイエスと論争しているユダヤ教の指導者たちのことを言っていることは文脈上明らかである（11:27 を参照）[343]。この譬え話は修辞学的に言うと法廷弁論の

341　Gnilka, *Markus*, 2:148; Snodgrass, *Stories with Intent*, 276; Marcus, *Mark*, 2:814.

342　Dodd, *The Parables of the Kingdom*, 98–102; Jeremias, *Gleichnisse*, 72–73; Weder, *Die Gleichnisse Jesu als Metaphern*, 154–155; Donahue, *The Gospel of Mark*, 337–339; W. R. Herzog, *Parables as Subversive Speech* (Louisville: Westminster John Knox, 1994), 101–113; J. S. Kloppenborg, *Tenants in the Vineyard: Ideology, Economics, and Agrarian Conflict in Jewish Palestine*, WUNT 195 (Tübingen: Mohr-Siebeck, 2006), 284–349; E. van Eck, *The Parables of Jesus the Galilean: Stories of a Social Prophet* (Eugene, OR: Cascade Books, 2016), 193–207; Schottroff, *Gleichnisse*, 27–30.

343　Dodd, *The Parables of the Kingdom*, 129–130; Jeremias, *Gleichnisse*, 54–56, 59; Via, *Parables*, 133–134; Weder, *Die Gleichnisse Jesu als Metaphern*, 156–157; Lührmann, *Das Markusevangelium*, 198–199; Pesch, *Markusevangelium*, 2:214–222; Gnilka, *Markus*, 2:145–146; Donahue, *The Gospel in Parable*, 55–56; Hultgren, *The Parables of Jesus*, 358–360; Gundry, *Mark*, 659–664; France, *Mark*, 462; Marcus, *Mark*, 2:811–813; Collins, *Mark*, 545–547; Dschulnigg, *Markusevangelium*, 311–313; Strauss, *Mark*, 514–516; Bock, *Mark*, 301–302; T. Oldenhage, "Spiralen der Gewalt (Die bösen Winzer): Mk 12, 1–12 (Q 13,18f./Mt 121,33–46/ Lk 20,9–19/EvThom 65)," in Zimmermann ed., *Kompendium*, 355–356; Snodgrass, *Stories with Intent*, 282; Erlemann, *Das Bild Gottes*, 230, 234–236.

「告発」（アリストテレス『弁論術』1358b; 1368b; キケロ『発想論』1.5.7;
クインティリアヌス『弁論家の教育』3.9.1–5）の機能を果たしている。
指導者たちも即座にそのことに気付いてイエスを捕らえようとしたが、群
衆の反応を恐れてそれを控えた（マコ 12:12）。この譬え話は権力を持つ
者たちに対して自分たちが行っていることの不当性を認識させるために創
り出されている。この譬え話は、バト・シェバ事件（サム下 11:1–26）で
犯した過ちをダビデ王に悟らせるために預言者ナタンが語った「二人の男
の譬え話」に機能が類似している（サム下 12:1–15 を参照）[344]。

　「二人の息子の譬え話」（マタ 21:28–32）はマタイ特殊資料から採ら
れたマタイ固有の譬え話である。この譬え話はエルサレムの神殿の庭で
祭司長や民の長老たちに対して語られ、「あなた方はどのように考える
だろうか？」という問い掛けから始まっている（21:28 を参照）。この
譬え話は少し後に出てくる「葡萄園の主人と小作の農夫たちの譬え話」
（21:33–46）と同様に、ユダヤ人指導者たちへの強い批判を込めて語ら
れ、彼らに反省を促している。葡萄園を持つ人に二人の息子がいて、葡
萄園に行って働いてくれという要請に対して一人目の息子は初めは断る
が、後に考え直して出かけて入った。それに対して、二人目は同意した
ものの実際には行かなかった。父親は神を、葡萄園はイスラエルを表し
ているのは明らかである（詩 80:9–12; イザ 5:1–7; 27:2–3; エレ 2:21; マ
タ 21:33–46 を参照）[345]。譬え話に付された解釈によると、一人目の息子

344　ナタンが語った譬え話が果たした機能については、C. Westermann, *Ver-*
gleiche und Gleichnisse im Alten und Neuen Testament (Stuttgart: Calwer,
1984), 25; K. Erlemann, *Fenster zum Himmel: Gleichnisse im Neuen*
Testament (Neukirchen-Vluyn: Neukirchener Verlag, 2017), 61–62 を参照。

345　Hultgren, *Parables*, 220–221; Osborne, *Matthew*, 780; W. G. Olmstead,
Matthew's Trilogy of Parables: the Nation, the Nations and the Reader in
Matthew 21:28-22:14, SNTSMS 127 (Cambridge: Cambridge University
Press, 2003), 100; Münch, *Die Gleichnisse Jesu*, 189 を参照。

は義の道を示した洗礼者ヨハネの言葉を信じた徴税人や娼婦たちを、二人目の息子は彼を信じなかったユダヤ人指導者たちのことを象徴している（21:32）[346]。そのために、徴税人や娼婦たちはユダヤ人指導者よりも先に神の国に入ることになると宣言される（21:31）。この譬え話は聴衆であるユダヤ人指導者たちに、彼らが神から派遣された預言者である洗礼者を受け入れなかったことが（21:25 を参照）、神の御心に適わない行動であることを自覚させるために語られている。

マルコ 13 章の冒頭でイエスは弟子たちに対して神殿崩壊の預言を行う（マコ 13:1–2）。驚いた弟子たちの質問に答えてイエスは城外のオリブ山に座って終末の時の到来を巡る一連の教えを語ったという設定になっている（13:3–37）。この小黙示録と呼ばれるイエスの講話の最後に、「旅する主人の帰還の譬え話」が置かれている（13:34–37）。イエスは終末の時がいつ来るのかということについて、「その日、その時は誰も知らない。父だけが知っている。気を付けて目を覚ましていなさい」と勧めた後に（マコ 13:32–33; さらに、Ⅰテサ 5:1–2 も参照）、この譬え話を語っている。この譬え話は旅に出る主人が何時帰って来るのか分からないので、何時帰って来てもいいように目を覚ましているように門番に言いつける例を挙げて（マコ 13:34）、弟子たちに対して主人の帰還に備えて、「目を覚ましていなさい」と勧めている（13:35–37）。この譬え話は復活・昇天したキリストの来臨の時が何時なのか誰にも分からないので、何時起こっても良いように備えていることを勧めている[347]。譬え話に出てくる主人は来

---

346 Weder, *Die Gleichnisse Jesu als Metaphern*, 231–232; Gnilka, *Matthäusevangelium*, 2:222; Luz, *Matthäus*, 3:211–212; Hagner, *Matthew*, 2:613–615; Osborne, *Matthew*, 781–782; Konradt, *Matthäus*, 331; Lambrecht, *Out of the Treasure*, 95; Münch, *Die Gleichnisse Jesu*, 269.

347 Jülicher, *Gleichnisreden*, 2:165, 171; Donahue, *The Gospel in Parable*, 58–60; Collins, *Mark*, 618.

臨のキリストであり、門番は弟子たちに象徴される信徒たちであろう[348]。この譬え話は復活・昇天したキリストが終わりの時にやって来て世界を裁く再臨信仰が前提になっており（マタ 25:1–13, 14–30, 31–46; I コリ 15:23–28; I テサ 4:13–18）、初代教会が生み出した伝承であろう。マルコ福音書の読者はこの譬えを教育的な目的で語られたものであると理解し、「目を覚ましていなさい」という言葉は、弟子たちを超えて自分たちに直接に語り掛ける勧めであると受け取ったことを示している。

　マタイ福音書 24 章後半と 25 章においては 5 つの譬え話が収録されている（マタ 24:36–44, 45–51; 25:1–13, 14–30, 31–46）。これらはすべてイエスが弟子たちに対して語った終末の到来についての講話の中に出てきており、終末を迎える者の心構えについての教えの一環をなしている（24:1–25:46）[349]。資料的に言えば、Q 資料から採られたものと（マタ 24:36–44, 45–51; 25:14–30）、マタイ特殊資料から採られたものとがある（マタ 25:1–13, 31–46）。

　マタイ 24 章後半には、終末における主の来臨を望みつつ目覚めていることを勧める二つの譬え話が記されている（マタ 24:36–44, 45–51）。福音書記者マタイは、「その日、その時は誰も知らない」という導入句の後に（マタ 24:36; マコ 13:32）、「ノアの洪水の例話」（マタ 24:37–41; ルカ 17:26–27）を引用すると共に、「目を覚ましていなさい。あなたがたの主が何時来られるのか、あなた方は知らないからだ」という勧告の言葉（マタ 24:42; マコ 13:35）の後に、「泥棒の襲来の譬え話」（マタ 24:43–44; ルカ 12:39–40）を引用している。この譬え話の結びの句は（マタ

348　Dodd, *The Parables of the Kingdom*, 163; Pesch, *Markusevangelium*, 2: 316–317; Gnilka, *Markus*, 2:209–210; D. Dormeyer, "Seid wachsam (Vom spät heimkehrenden Hausherrn): Mk 13,30–33.34–37 (Lk 12,35–38)," in Zimmermann ed., *Kompendium*, 375–376, 378–381.

349　Zimmermann, *Parabeln in der Bibel*, 260.

4. イエスの譬え話の釈義的・文学的考察 | 115

24:44)、初代教会の黙示的伝承のメタファーと同様に（Ⅰテサ 5:2–4; 黙 3:3; 16:15 を参照）、終末時における人の子の来臨が盗人の来訪のように予告なしに起こることを述べて、何時来ても良いように常に備えていることを勧めている。

　「忠実な僕と悪い僕の譬え話」は（マタ 24:45–51）、ルカ 12:42–46 に並行箇所があり、Q 資料から採録されている[350]。マタイ版の話の文言は、マタイが好んで用いる言い回しを用いた結びの句（マタ 24:51 を 8:12; 13:42, 50; 22:13; 25:30 と比較せよ）以外は、ルカ 12:42–46 とほぼ一致している。この譬え話の内容のポイントは、主が来臨する時が遅延していることを前提に、終末期待が弛緩し、他の僕たちに対して非倫理的な振る舞いをすることを戒めていることである。この譬え話は史的イエスではなく、終末の遅延の問題に直面していた教会に由来するものであろう[351]。この譬え話は、終末の裁きの場面を描いており（特に、マタ 24:50–51; ルカ 12:46）、黙示的な内容を持っている。他方、「忠実で、賢い僕の振る舞いと悪い僕の行動が対照され、前者が「幸いである」と宣言されている（マタ 24:46; ルカ 12:43）。賢い者の行動と愚かな者の行動が対比され、賢くなるように読者に勧めることは知恵文学に見られる典型的な語り方であり（箴 3:35; 10:8, 23; 12:15–16, 23; 13:16 を参照）、マタイは倫理的勧告の言葉の中だけでなく（マタ 7:24–27）、譬え話にも用いている（マタ 25:1–13, 14–30, 31–46 他）。ただし、当該譬え話では、賢い僕に対照されているのが、愚かな僕でなく、悪い僕であるので（24:45, 48）、倫理

350　Robinson/Hoffmann/Kloppenborg eds., *The Critical Edition of Q*, 366–375; Luz, *Matthäus*, 3:459; Christine Gerber, "Es ist stets höchste Zeit (Vom treuen und untreuen Haushalter) Q12,42–46," in Zimmermann ed., *Kompendium*, 161–170; 山田『Q 文書』、254–256 頁を参照。

351　Gnilka, *Matthäusevangelium*, 2:345; Davies/Allison, *Saint Matthew*, 3:389; Hagner, *Matthew*, 2:725; Lambrecht, *Out of the Treasure*, 194.

的契機がより強調される結果となっている[352]。

　マタイ福音書25章には終末の到来に関する3つの譬え話が収録されている（マタ 25:1–13, 14–30, 31–46）。「十人の乙女の譬え話」（マタ 25:1–13）には並行箇所がなく、マタイ特殊資料から採られたものである。話は、「その時に天国は10人の乙女たちに比べられるであろう」という定型的導入句で始まる（25:1a）。場面は婚礼であり、夜に花婿が到着するのを10人の乙女が灯りを点して迎えることになっている（25:1b）。花婿の到着は夕刻であるが具体的時刻ははっきり決まっていない。賢い乙女は灯火に加えて油壺を用意するが、愚かな乙女は用意していなかった（25:2–4）。花婿の到着が遅く乙女たちは眠り込んだ（25:5）。真夜中に花婿が到着した時に、乙女たちは起きて灯りを点して迎えることとなった（25:6–7）。しかし、愚かな乙女たちは賢い乙女たちに余分な油を分けてくれるように頼むが断られて、油を買いに行っている間に花婿が到着し、婚礼が始まって戸が閉められ（25:8–10）、彼女たちは開けて貰えなかった（25:11–12）。この譬え話は、「だから、目を覚ましていなさい。あなた方はその日その時を知らないのだ」という教訓で閉じられている（25:13; さらに、24:42 を参照）。

　この話はマタイ共同体が直面していた終末の遅延の問題を取り扱っている。花婿は来臨のキリストのことを指しているが、その到来の時を誰も知らない（マタ 24:36, 42; Iテサ 5:1–2 を参照）[353]。その時が何時であろうとも常に備えていることが「目を覚ましている」ことの具体的な意味であろう（マタ 25:13）。譬え話の中で賢い乙女たちは灯火に加えて油が入っ

352　Jones, *The Matthean Parables*, 436.

353　Linnemann, *Gleichnisse Jesu*, 125–126; Gnilka, *Matthäusevangelium*, 2: 352; Davies/Allison, *Saint Matthew*, 3:392; Hagner, *Matthew*, 2:728; Luz, *Matthäus*, 3:473, 475, 477; Konradt, *Matthäus*, 382–383; Zimmermann, *Parabeln in der Bibel*, 271–273 を参照。

4. イエスの譬え話の釈義的・文学的考察 117

た壺を用意しているが、これはキリストの来臨まで少し時間があることを
前提にしている。キリストの来臨は遅れることがあっても必ず来るのだか
ら（IIペト 3:8–10）、賢く用意周到に備えていることの大切さを強調して
いる[354]。賢い者と愚かな者を対照し、賢い者となるように勧めることは
知恵文学的である。

「タラントンの譬え話」（マタ 25:14–30）はルカ 19:11–27（「ムナの
譬え話」）に並行箇所があり、Q資料から採られていると考えられる[355]。
マタイ版の話ではある人が旅に出るときに、僕たちの能力に応じて、そ
れぞれ、5タラントン、2タラントン、1タラントンのお金を預けた
（25:14–15）。5タラントン預けられた僕と、2タラントン預けられた僕
は、預けられた金額を元手として商売し、それぞれ5タラントンと2タ
ラントンを稼いだ（25:16–17）。ところが、1タラントンを預けられた僕
はそれを土に埋めて隠しておいた（25:18）。主人が旅から帰って来て清
算を行い、5タラントン預けられた僕と、2タラントン預けられた僕は、
忠実な良い僕として褒められるが、1タラントンを預けられた僕は叱られ、
1タラントンは取り上げられて、10タラントンを持つようになった僕に
渡された（25:19–28）。さらに、この僕は役に立たない僕として外の闇に
投げ出されることとなる（25:30）。ルカ版の話では預けられたお金の単
位がムナ（＝ 100ドラクマ）であるのに対して、マタイ版の話ではタラ
ントン（＝ 6000ドラクマ）と高額であるので、話が非常に誇張されてい

354　Dodd, *The Parables of the Kingdom*, 146, 172; Weder, *Die Gleichnisse Jesu als Metaphern*, 245, 248–249; Hultgren, *Parables*, 176–177; Lambrecht, *Out of the Treasure*, 212–214; Erlemann, *Das Bild Gottes*, 117–119.

355　Gnilka, *Matthäusevangelium*, 2:356; Konradt, *Matthäus*, 386; Robinson/ Hoffmann/Kloppenborg eds., *The Critical Edition of Q*, 524–557; 山田『Q 文書』、397–399頁を参照。

る[356]。この譬え話は、終末の到来についてのイエスの講話の中に出てきているのだから、マタイ福音書の文脈では主人の帰還は復活・昇天したキリストの来臨を指している（24:29–31; 25:31 を参照）[357]。福音が全世界に宣べ伝えられてから終わりが来るのであるから（24:14）、預けられたタラントンはキリストの福音を伝えるために与えられた賜物である能力を（ロマ 12:3–8; I コリ 12:4–11 を参照）、それを用いて商売することは宣教活動を行うこと意味している[358]。すると、この譬えは終末を待つ期間に積極的に宣教活動を行い、回心者を得ることを勧めていることになる。

　「王の裁きの譬え話」（マタ 25:31–46）はマタイ特殊資料から採られたマタイ福音書に固有な譬え話であるが、終末の裁きの場面を描きつつ 25章全体を締め括っている[359]。この話によれば、終わりの時に人の子と呼ばれるキリストが栄光に包まれて天使たちの共に到来する（25:31）。終末時に人の子が到来して裁きを行うことは、マタイが伝える黙示的伝承に共通なモチーフである（マタ 16:27; 19:28 を参照）。王なるキリストは、羊飼いが羊と山羊を分けるように、人々を右と左に分ける（25:32–33）。この話に譬え話の性格を与えているのは、ここに使われている羊と山羊の選別の比喩である。他の部分は終末の裁き場面の描写であり、譬えの要素を持たず、黙示的寓話の性格が強い。右側にいる者たちは、褒められて国を受け継ぐように勧められる（25:34）、それに対して左側にいる者たち

356　Hultgren, *Parables*, 274–275.

357　Dodd, *The Parables of the Kingdom*, 146–147; Weder, *Die Gleichnisse Jesu als Metaphern*, 194, 208; Lambrecht, *Out of the Treasure*, 241–242; Gnilka, *Matthäusevangelium*, 2:362; Luz, *Matthäus*, 3:506, 510; Osborne, *Matthew*, 920, 923.

358　Hagner, *Matthew*, 2:737; Osborne, *Matthew*, 924; Konradt, *Matthäus*, 386; Erlemann, *Das Bild Gottes*, 205.

359　Jones, *The Matthean Parables*, 226 は、この話を「要約的譬え話（summary parable）」と呼ぶ。

は断罪され、悪魔とその手下のために用意した永遠の火に入るように命じられる（25:41）。この扱いの違いは、裁きを受ける者たちがその生涯の中で、キリストが飢えているときに食べさせ、渇いていたときに飲ませ、旅をしていたときに宿を貸し、裸の時に着せ、病気の時に見舞い、獄中にあったときに訪ねたかどうかである（25:35–36, 42–43）。こう告げられた者たちはそのようなことを行った自覚がなかったが、王なるキリストは、「アーメン、私はあなた方に言う。これら最も小さい私の兄弟の一人にしたのは、私に対して行ったのである」と告げている（25:40; さらに、25:45 を参照）。この文脈では、「これら最も小さい私の兄弟の一人」とは、特にマタイ共同体の信徒たちのでも宣教に従事する者たちを指している[360]。マタイ福音書では信徒が「小さい者」と呼ばれることがある（10:42; 18:10）。特に、「小さい者」と呼ばれる宣教者を受け入れて助ける者には終末の報いを約束する言葉もあるので（10:42）、この譬え話も様々な苦難の中にあるマタイ共同体の宣教者たちを助ける者に終末の祝福を約束し、そうしない者たちを断罪していることとなる[361]。この譬え話はマタイ共同体が、困難な宣教活動を続けながら、終末の到来の展望の中で生み出して伝えた言葉であり、非常に黙示文学的な色彩が強い。

ヨハネ福音書中のイエスの譬え話

　ストーリー性を持った譬え話を、ヨハネ福音書は 4 話収録しているが、10 章と 15 章にしか出てこない（10:1–5; 10:7–10; 10:11–18; 15:1–10 を参照）。初めの三つはユダヤ人民衆に対して語られており、最後の一つは別れの説教において弟子たちに対して語られているので、譬えが語られた

360　Gnilka, *Matthäusevangelium*, 2:375; Luz, *Matthäus*, 3:537–539; Osborne, *Matthew*, 937.

361　Luz, *Matthäus*, 3:542; Lambrecht, *Out of the Treasure*, 271–272, 278.

場が異なっており、その果たす機能も異なっている。

　ヨハネ 10 章は、第 4 福音書の本文の前半部（1:19–12:50）の終わり近くに位置し、神の子としての自己を啓示するイエスとそれを受け入れない世の対立のクライマックスを構成する。7:1–52 に仮庵の祭りとイエスの神殿説教についての記述があるので、8:12–10:42 もエルサレムを舞台にしていると推定できる。少し前に、イエスの光と真理についての説教と論争があり（8:12–59）、直前には、盲人の癒しと安息日論争の記事がある（9:1–42）。

　10 章前半には羊飼いと羊に関する三つの譬え話が記されている（10:1–6; 10:7–10; 10:11–17）。これらの譬え話の聴衆は、8 章と同様にエルサレムのユダヤ人民衆である（8:31–59; 10:19–21）。10:19–21 は譬え話の言葉を聞いたユダヤ人たちの反応が肯定と否定に分かれ、聴衆が二分されたことを語る。直ぐ後に続く部分は、場面が急に変わり、ハヌカーの時に交わされたイエスとユダヤ人たちの対話を記しているが（10:22–39）、ここでも羊飼いと羊の譬えを前提にしたイエスの言葉が出てくる（10:26–27）。

　「羊の囲いに入る者の譬え話」（ヨハ 10:1–6）は 10 章に出てくる他の二つの譬え話（10:7–10; 10:11–18）と異なり、自己啓示定式のエゴー・エイミ（ἐγώ εἰμι）によって導入されていないが、「羊の囲いの門から入る羊飼い」とは（10:2）、イエス自身のことを指している[362]。「門を通らないで他のところを乗り越えてくる」泥棒や強盗とは恐らく、過越の祭の恩赦の慣習によって釈放されたバラバのようなメシア運動の指導者たちの

362　Bultmann, *Das Evangelium des Johannes*, 272–273, 283–285; Schnelle, *Das Evangelium nach Johannes*, 231; Beate Kowalski, "Ruf in die Nachfolge (Vom Hirt und den Schafen): Joh 10,1–5," in Zimmermann ed., *Kompendium*, 771, 777.

ことを指しているのであろう（ヨハ 19:40）。バラバは流血を伴う反乱を
起こして捕らえられた人物であり（マコ 15:7 並行）、ヨハネ福音書では
「強盗」と呼ばれている（ヨハ 19:40）。真の羊飼いは囲いの門から入って
来ることに加えて、囲いの中にいる羊たちと旧知の関係にあり、相互に良
く知っていることが前提となっている。羊飼いは羊の名前を知っており、
その名前を呼んで連れ出す（10:3）。羊の方もその声を聞き分け、付いて
行く（10:4; さらに、ヨハ 10:16, 27 も参照）。しかし、いつもの羊飼いで
はない者たちであれば、知らない声なので、羊飼いたちは付いて行くこと
なく、逃げ出してしまう（10:5）。ここで羊飼いが誰であるかを知ってい
る羊に譬えられているのは、イスラエルの民全体ではなく、人となった神
の子を信じる者たちであろう（1:14）。

　この譬え話が前提にしているのは、古代イスラエルにおける羊飼いと羊
の関係である。門番が囲いの門を開くと、そこから羊飼いが中に入って羊
を連れ出す。羊飼いが羊を囲いから連れ出す目的は、水や牧草地に連れて
行き、養うことであり（詩 23:1–6; 78:52; 100:3; イザ 40:11; 53:6; エレ
23:1–4 を参照）、羊はそのことを知っているので、羊飼いに付いて行く。
羊飼いはそれぞれの羊の名前を呼び、羊はその声を聞き分けて羊飼いの声
には聞き従うが（詩 95[94]:7; ヨハ 10:16, 27）、それ以外の者の声には従
わない。ここで引き合いに出されている生活体験自体は、語り手にも聞き
手にも違和感はなかったであろう。問題はメタファーの指示関係をどう理
解するかであり、誰を「羊飼い」や「盗人」に同定するかである。イエス
の譬え話を聞いたファリサイ派の人々にはこの同定が困難であり、この
譬え話（παροιμία）が何を意味するのか分からなかった（10:6）[363]。し
かし、ヨハネ共同体に属する信徒である福音書の読者には難しくなかっ

363　Kowalski, "Ruf in die Nachfolge," 774; Kunath, "Paroimische Rede im
　　　Johannesevangelium," 143.

た[364]。彼らは自分たちこそ、羊飼いであるイエスの声を知り、聞き従う羊の群れに等しいと考えていたのである。

「私は門の譬え話」（ヨハ 10:7–10）はエゴー・エイミ（ἐγώ εἰμι）という自己啓示定式によって導入され（ヨハ 10:7, 9）、イエスがユダヤ人指導者たちに対して自分が誰であるかということを公に示す形になっている。この譬え話はイエスを「門（θύρα）」に譬えている（10:7, 9）。門を通った中には牧草があり、羊はそれを食べていのちをつなぐことができる（10:9）。

共観福音書は名詞 θύρα を用いて、家の扉や（マコ 1:33; 11:4; ルカ 11:7）、墓の入り口に（マタ 27:60; マコ 15:46; 16:3）言及する一方で、象徴的にそこを通って救いに到る門に言及している（ルカ 13:24）[365]。他方、門は旧約聖書のヤコブの梯子の話では、天に到る入り口を象徴している（創 28:17）。この表象は黙示録に継承されて、天上の世界の入り口としての門に言及されている（黙 3:8, 20; 4:8）。ヨハネ福音書ではイエス自身の人格が羊の囲いに入るための門に譬えられている（イグ・フィラ 9:1–2 も参照）。人を門に譬えることは奇抜なメタファーである[366]。門であるイエスを通って中に入り、牧草を見出すとは（10:9）、イエスを神の子と信じ、その言葉に聞き従い、「いのちを得て」救いに到ることである（10:10b）[367]。それに対して、イエスの前にやって来た者の到来の目的は、

364　Schnackenburg, *Das Johannesevangelium*, 2:357; Schnelle, *Das Evangelium nach Johannes*, 231; Zumstein, *Das Johannesevangelium*,389–390; Kowalski, "Ruf in die Nachfolge," 775.

365　*BDAG*, 462 を参照。ただし、「門」を表すのに、マタ 7:13, 14 では θύρα ではなく πύλη を使用している。

366　Zimmermann, *Christologie*, 312; Thomas Popp, "Die Tür ist offen (Die Tür): Joh 10,7–10 (vgl. Arg 51)," in Zimmermann ed., *Kompendium*, 785.

367　Brown, *John*, 1:394; Schnackenburg, *Das Johannesevangelium*, 2:367–368; Zimmermann, *Christologie*, 314–315.

羊泥棒として「盗み、屠り、滅ぼす」ためであるとされる（10:10a）。ここで「私の前にやって来る者」とは、メシア運動の指導者たちのことであり、彼らの目的は自己中心的であり、彼らに聞き従うことは滅びに到ると警告されている[368]。

「良い羊飼いの譬え話」（10:11–18）においてイエスは、自己啓示定式のエゴー・エイミ（ἐγώ εἰμι）を用いて自らが「良い羊飼い」であると二度宣言している（10:11, 14）[369]。この譬え話は 3 つの部分に分かれ、第一の譬え（10:11–13）、第二の譬え（10:14–15）、解釈句（10:17–18）より構成されている。第一の譬えは（10:11–13）、羊のためにいのちを捨てる良い羊飼いと危険が迫ると羊の群れを捨てて逃げてしまう雇い人を対置している。第二の譬えは（10:14–16）、良い羊飼いと羊との親密な関係を強調し、解釈句は（10:17–18）、良い羊飼いであるイエスがいのちを捨てる意義を説明している。伝承史的には第一の譬え（10:11–13）の部分が最古の伝承部分である。第二の譬え（10:14–16）はその拡張部分であり、解釈句（10:17–18）は福音書記者による編集句である。

第一の譬え（ヨハ 10:11–13）と第二の譬え（10:14–16）では、イエスと信じる者との関係が羊飼いと羊の関係になぞらえられている。旧約聖書においては、イスラエルの指導者が羊飼いに譬えられることがある（詩 78:70–72; サム下 5:2; 7:7; 24:17; 王上 22:17; エレ 25:34–36; エゼ 34:2–5; ミカ 5:3 を参照）。しかし、神が羊飼いに、イスラエルの民が羊の群れに譬えられることも多い（詩 23:1–6; 74:1; 78:52; 79:13; 80:2; 95:7; 100:3; 119:176; イザ 40:11; 53:6; エレ 23:1–4; エゼ 34:11–

---

368 Schnackenburg, *Das Johannesevangelium*, 2:366–367.

369 Schnackenburg, *Das Johannesevangelium*, 2:370 の主張に反対。自己啓示定式の使用はヨハネ福音書中の譬えの顕著な特色を示すが、そのことは譬え話であることと矛盾しない。

31)[370]。神は羊の世話をし、羊を導いて牧草や泉へと連れて行く（詩 23:1–6; 78:52; 100:3; イザ 40:11; 49:9–10; 53:6; エレ 23:1–4）。羊は迷い易く（詩 119:176）、神は散り散りになった羊を探し出し、連れ戻す（エレ 23:3–4; エゼ 34:11–31）。新約聖書においてもこの譬えは継承され、共観福音書では、失われた羊を探し求める神の愛を語る譬え話が語られている（マタ 18:12–14; ルカ 15:3–7）。

第一の譬えの（ヨハ 10:11–13）の中心は、冒頭に宣言されている「私は良い羊飼いである」という命題にあるが（10:11a）、その根拠は「良い羊飼いは羊のためにいのちを捨てる」ということにある（10:11b）。古代における羊飼いの職務は危険を伴っており、時には羊を襲う野獣や盗賊から羊の群れを守らなければならないことがあった（サム上 17:34–37 を参照）。「良い羊飼いは羊のためにいのちを捨てる」ことがイエスの十字架上の死を指し示していることは、イエスの地上の生涯の結末を知っているヨハネ共同体の人々には自明のことであった[371]。しかし、物語の登場人物たちにはそのことは明らかでなかった。譬え話を聞いたユダヤ人聴衆は意味が良く分からずに、語り手であるイエスが、「悪霊に取り憑かれ、気が狂っている」と断じる者たちと、奇跡を行う力を持つ者が悪霊に取り憑かれている筈はないと主張する者たちとに分かれた（10:19–20）。イエスの生涯の最後から遡ってイエスの言葉の意味を解釈する者には明らかな発言であっても、物語内部のユダヤ人聴衆には謎めいた言葉に留まったのである。

第二の譬えは（10:14–16）、第一の譬え（ヨハ 10:11–13）を前提にして二次的に形成され、第一の譬えの主題を再度繰り返すと共に、新しい根

370　Zimmermann, *Christologie*, 341–342.

371　Thyen, *Das Johannesevangelium*, 488; Wengst, *Das Johannesevangelium*, 319.

拠付けを追加している。この譬えは「羊の囲いに入る者」（ヨハ 10:1–5）の譬えで強調されている、羊飼いと羊との親密な関係に言及し、それを神と御子キリストの関係の基礎の上に置いている（10:15）。この部分が言及する「この囲いにいない他の羊」（10:16）が誰のことを念頭に置いているのかが問題である。「囲い」がユダヤ民族の枠を象徴しているとすれば、それは異邦人信徒のことになる[372]。しかし、「囲い」がイエスを信じる者の共同体を指しているとすれば、ユダヤ人であるか異邦人であるかを問わず、未信者のことであろう（17:20 を参照）。イエスは既に信仰によって囲いの内にいる者たちだけでなく、まだ信じるに至っていない人々を導いて一つの群れを形成する務めを持っている。物語の読者であるヨハネ共同体は、共同体の外に信徒が存在する可能性を求めて宣教活動をする課題を見出していた。

　解釈句は（10:17–18）、良い羊飼いであるイエスがいのちを捨てる意義を、父なる神の御心への服従という視点から説明している。イエスが「いのちを再び受ける」（10:17）ということは、イエスの死からの復活の出来事のことを言っていることは（20:1–29; 21:1–23）、イエスの生涯の結末を知っているヨハネ福音書の読者には明らかであった[373]。

　「真の葡萄の木の譬え話」（ヨハ 15:1–8）はイエスが第二の別れの説教（15:1–16:33）の冒頭で弟子たちに与えた形になっているが、個々の要素が象徴的意味を持っており、アレゴリーの性格が強い。この譬え話は二つの葡萄の木の譬えからなり、第一の譬え（15:1–4）と第二の譬え（15:5–8）は構造と構成要素において対応しているので、第二の譬え（15:5–8）は第一の譬え（15:1–4）の存在を前提にして編集者により二次

372　Brown, *John*, 1:396; Schnackenburg, *Das Johannesevangelium*, 2:375–376; Schnelle, *Das Evangelium nach Johannes*, 234.

373　Brown, *John*, 1:399; Thyen, *Das Johannesevangelium*, 490; Zumstein, *Das Johannesevangelium*, 396–397.

126

的に形成された編集句である[374]。

　この譬え話においてイエスは、自己啓示定式のエゴー・エイミを用いて自らが「真の葡萄の木」であると宣言している（15:1, 5）。ここで用いられている葡萄の木とその枝の譬えは（15:1, 5）、イエスと弟子たちとの関係を比喩的に表現しており、葡萄の世話をする農夫は（15:1）父なる神を象徴している[375]。イスラエルを葡萄の木に譬えることは旧約聖書に頻出している（申 32:32; イザ 5:1–7; 27:1–6; エレ 2:21; 5:10; 6:9; 12:10–11; エゼ 15:6; 17:3–10; 19:10–14; ホセ 10:1; 詩 80:9–20）。ヨエ 2:24 はイチジクと葡萄の豊かな結実を神が与える救いのしるしとしている。七十人訳に収録されているシラ書では、人格化された知恵が、枝を伸ばして実を結ぶ葡萄の木に譬えられている（シラ 24:17）。本節の譬えはこうした旧約聖書の文学的伝統を踏まえながら、キリスト論的な解釈を加えて形成されている[376]。

　ヨハ 15:4 は弟子たちがイエスに留まり、逆に、イエスが弟子たちのうちに留まることを、枝が葡萄の木に繋がっていることに譬えている。枝は幹に繋がっている時には、幹を通して根から来る水と養分を吸収して実を稔らせることができるが、幹から切り離されてしまえば、水と養分の供給を絶たれるので実を結ぶことなく枯れてしまう。「私があなた方の内に留まるように、あなた方も私の内に留まりなさい」という言い回しはヨハネ福音書に固有な表現であり、他では見られない。弟子たちがイエスの内に留まるということは、弟子たちがイエスの言葉の内に留まることであ

374　Zumstein, *Das Johannesevangelium*, 561.

375　Brown, *John*, 2:668–669; Schnackenburg, *Das Johannesevangelium*, 3:109–111.

376　Schnackenburg, *Das Johannesevangelium*, 3:120–121; Uta Poplutz, "Eine fruchtbare Allianz (Weinstock, Winzer und Reben): Joh 15,1–8 (vgl. Arg 61)," in Zimmermann ed., *Kompendium*, 832–833.

り（8:31 を参照）、逆に、イエスが弟子たちの内に留まるとは、イエスの言葉が弟子たちの内に生き続けることである。さらに、後の教会の信徒たちは、真理の御霊である聖霊に導かれて、イエスの言葉を思い起こし、理解することによって、イエスの内に留まることができる（14:15–26; 15:26–27 を参照）。実を結ぶとは、イエスの言葉の真意を理解してその言葉の通りに生きるということである。

ヨハ 15:4 ではまた、神の御心に適う生き方や行いが、葡萄の実の結実に譬えられている。「枝が葡萄の木に留まらないならば、自分自身では実を結ぶことができないように、あなた方も私の内に留まらなければ、何の実を結ぶこともできない」ということは、イエスを離れては神の御心に適う行いを弟子たち、ひいては、信徒たちが一切行うことができないという意味である。

15:5–8 では、2 節において述べられていた、実を結ばない枝を取り除く剪定作業の譬えがさらに具体化され、切られた枝の運命をより詳細に述べる結果、裁きのトーンが前面に出てきている[377]。「枝が取り除かれ、集められ、火に投じられて燃やされる」という表現は、洗礼者ヨハネが終末の裁きを述べるために用いた、剪定作業の譬えと似ている（マタ 3:10）。

15:7 前半が述べる内容は（「あなた方が私の内に留まり、私の言葉があなた方の内に留まるならば」）、4 節で述べられていることの再確認である。イエスの内に留まるということは、弟子たちがイエスの言葉の内に留まることである。15:8 には、実を結ぶことと弟子であることと栄光を受ける主題が登場し、1–8 節全体を締め括っている。聴衆である弟子たちが「実を結ぶ」ことは、イエスの弟子である実質を現すことである。

別れの説教（14:1–31; 15:1–16:33）の中でイエスから弟子たちに語ら

377　Schnackenburg, *Das Johannesevangelium*, 3:114; Thyen, *Das Johan-nesevangelium*, 642; Poplutz, "Eine fruchtbare Allianz," 836.

れている言葉は、イエスの死と復活・昇天の後に、この世に残された弟子
たちの状況を念頭に入れて、愛の戒めや、真理の霊である聖霊降臨の約束
を語っている。真の葡萄の木の譬えも、読者であるヨハネ共同体の信徒
たちが置かれている状況に直接語り掛けるものとして読まれることにな
る。彼らはイエスを信じない世である外部世界との厳しい対立のもとに
ある（15:18–25）。イエス・キリストを信じることを公に告白すると、異
端者としてユダヤ教のシナゴーグの交わりから追放される危険すら存在
した（16:1–4 を参照）。このような状況の中で、葡萄の木であるイエス
に「繋がっている」とは、イエス・キリストへの信仰から離れないことで
ある[378]。「実を結ぶ」とは、主イエスを信じ、真理の霊である聖霊に導か
れながら（16:13–15）、主の言葉を想起し（14:25–26）、「互いに愛し合
いなさい」という愛の戒めを実践する生活を送ることである（13:34–35;
15:11–17）。

378　Poplutz, "Eine fruchtbare Allianz," 835.

5. イエスの譬え話の修辞学的研究

　本章では福音書に出てくるイエスの譬え話を全体として修辞学的視点より分析することを試みる。ストーリー性を備えたイエスの譬え話は内容的なまとまりを持っているので、演説や弁論と同様に言葉による説得の手段としての考察の対象にすることが可能であり、修辞学的釈義の手順を適用して、その特色を調べることができる。

5.1 修辞的状況

　「修辞的状況」は、文芸批評家のロイド・ビツァーによって提唱され、修辞学的批評（Rhetorical Criticism）の方法の開拓者であるジョージ・ケネディによって継承された概念であり、言語行為である演説を呼び起こす社会的場面のことを指す[379]。イエスの譬えの修辞的状況について言えば、それは譬え話を枠付ける場面設定であり、民衆の教化（マタ 13:1–9; マコ 4:1–9; 4:21–23; 4:26–29 他）、弟子の教育（マタ 7:13–14: 7:15–20; 7:24–27; 13:44–45; 18:10–14; 18:23–35; 24:32–35; 25:14–30; マコ 13: 34–36; ルカ 6:23–25 他）、論敵との対論（マタ 21:28–32; 21:33–44; マコ 12:1–11; ルカ 10:30–37; 15:3–7; 15:8–10; 15:11–32 他）に大別できるであろう。

---

[379]　L. Bitzer, "Rhetorical Situation," *Philosophy and Rhetoric* 1 (1968), 1–14; G. Kennedy, *New Testament through Rhetorical Criticism* (Chapel Hill and London: The University of North Carolina Press, 1984), 34–35; D. L. Stamps, "The Johannine Writings," in S. E. Porter ed., *Handbook of Classical Rhetoric in the Hellenistic Period: 330 B.C.-A.D. 400* (Chapel Hill and London: The University of North Carolina Press, 1984), 609. n.1.

福音書の中に出てくる大多数の譬えや譬え話の語り手はイエスであり、直接の聴衆はガリラヤの民衆や、弟子たちや、論敵たち等の登場人物である。したがって、イエスと彼らとの出会いの場が第一次的修辞的状況を構成している。しかし、福音書物語には著者である福音書記者が存在し、彼らが読者に対して語り掛けるという二次的修辞的状況も存在する[380]。イエスの譬え話の解釈にあたっては、この二重の修辞的状況を考慮することが必要になる。

5.2 修辞的種別

古典修辞学は修辞的機能に従って、演説を法廷弁論、助言（審議）弁論、演示弁論の三種に分類している（アリストテレス『弁論術』1358b; キケロ『発想論』1.5.7; クインティリアヌス『弁論家の教育』3.3.14）[381]。法廷弁論は法廷における弁論を想定しており、告発と弁明の二種がある（アリストテレス『弁論術』1358b; 1368b; キケロ『発想論』1.5.7; クインティリアヌス『弁論家の教育』3.9.1–5）[382]。助言（審議）弁論は議会でなされる演説であり、共同体に対して一定の行動を勧める勧告的内容を持っている（アリストテレス『弁論術』1358b; 1359a–b; キケロ『発想論』1.5.7; クインティリアヌス『弁論家の教育』3.3.15; 3.8.1–4）[383]。演示弁論は、祝祭や葬儀の時になされる演説であり、徳を賞賛し、欠点を咎めることを通して共同体の基本的価値観を確認する働きをする（アリストテレス『弁論術』1358b; 1366a; 偽キケロ『ヘレンニウスに与える修辞学

---

380 Thurén, *Parables Unplugged*, 9–11; Erlemann, *Gleichnisse. Theorie - Auslegung - Didaktik*, 75; Zimmermann, *Parabeln in der Bibel*, 135–136.

381 Kennedy, *New Testament through Rhetorical Criticism*, 19, 31, 87.

382 Kennedy, *New Testament through Rhetorical Criticism*, 19, 93.

383 Kennedy, *New Testament through Rhetorical Criticism*, 19, 45.

5. イエスの譬え話の修辞学的研究 | 131

書』1.2.2; クウィンティリアヌス『弁論家の教育』3.7.1–28)[384]。修辞技術（言葉の綾、文飾）としての譬えは、法廷弁論、助言弁論、演示弁論のどれにも用いることができるので、イエスの譬え話がどのタイプの弁論として機能しているのかについては個別に検討する必要が出てくる。

　イエスの譬え話が語られた場は、ギリシア・ローマ世界の演説が想定している法廷や議会や祝典や葬儀とは異なる。イエスの言葉はガリラヤの湖岸や、家の中や、会堂や、エルサレムへ向かう途上の街路や、エルサレムの神殿の庭等で、民衆や弟子たちや、論敵である宗教指導者たちに対して随時語られている。しかし、譬え話を含むイエスの説教はギリシア・ローマ世界の演説同様に聴衆を説得するために公に語られた言葉として、その果たす機能が法廷的であるか、助言的であるか、演示的であるかを論じる余地がある。

　イエスの譬え話の多くは神の国の到来という良い知らせ（福音）の絶対的価値を示すために語られており（マタ 13:31–32, 33; マコ 4:21–23, 4:26–29; ルカ 13:18–19, 20–21 他）、基本的機能において演示的である。神の国の到来の福音を聞いた者は回心することが期待されるが（マコ 1:14–15 並行を参照）、そのことは譬え話においては直接の勧めの言葉ではなく、模範となる登場人物の行動の描写を通して間接的に示唆されている。これに対して、特に弟子たちに対して弟子たる者の生き方を示すために語られた一群の譬え話は、知恵文学的に二つの道を提示してその一方を採ることを強く求めており、基本的機能は助言的である（マタ 7:24–27; マコ 13:34–36; ルカ 6:23–25 他）。

　論敵との対論の文脈で語られた譬え話は、論争相手のユダヤ人指導者たちが神の使者である預言者や宣教者を受け入れないことを告発する一方で（マコ 12:1–11 並行）、罪人や徴税人を受け入れるイエスの行動の

384　Kennedy, *New Testament through Rhetorical Criticism*, 19, 74.

正当性について弁明する働きをしているので（ルカ 10:30–37; 15:3–7; 15:8–10; 15:11–32 他）、機能において法廷的である。

修辞学によると法廷弁論は過去に関わり、助言（審議）弁論は未来に関わり、演示弁論は共同体の現在に焦点を当てる（アリストテレス『弁論術』1358b）[385]。イエスの神の国の譬え話は仮構の話を通して福音の絶対的価値を提示しているので（マタ 13:31–32, 33; マコ 4:21–23, 4:26–29; ルカ 13:18–19, 20–21 他）、修辞学的視点からは語り手と聴衆の現在に関わると考えられる。しかし、この現在（今）は到来しつつある神の国に直面している特別な時（καιρός）であり（マコ 1:14–15; ルカ 11:20 並行）、来たらんとする未来に対して開かれている[386]。これに対して、初代教会に由来する一部の譬え話は、終末における人の子の来臨とそれに対する信徒たちの備えについて語っており、助言的である（マタ 13:24–30; 13:47–50; 25:1–13; 25:14–30; 25:31–46）。そこでは、今は来ていないが、やがてやって来る終末という究極的未来に備える中間時にあって、未来を視野に入れつつ適切な生き方をする（「目覚めている」）ことが問題になっている。

5.3 配列構成（τάξις, dispositio）

古典修辞学が想定する演説の基本的構成要素は、序論（προοίμιον, exordium）、叙述（陳述）（διήγησις, narratio）、論証（πίστις, probatio/argumentatio）、結語（ἐπίλογος, peroratio）である（アリストテレ

385　修辞学における時間論は、H. Weinrich ら最近の言語学者が問題にする文法的時制論とは位相が異なっている。

386　H. Weder, *Gegenwart und Gottesherrschaft*, BTS20 (Neukirchen-Vluyn: Neukirchener Verlag, 1993), 26–34, 41–49, 54–64; idem., *Die Gleichnisse Jesu als Metaphern*, 282 を参照。

ス『弁論術』1414a–b)[387]。イエスの譬え話は概して非常に短いが、配列構成（τάξις, dispositio）の上では以下のような特色を持つ。

5.3.1 序論（προοίμιον, exordium）

序論（προοίμιον, exordium）は演説の冒頭に置かれて、主題を提示して聴衆を本論で展開される議論に向けて準備する役割を持つ（アリストテレス『弁論術』1356a; 1377b–1378a; キケロ『発想論』1.22, 34–36; 3.8.48–51）。イエスの譬え話の序論は多くの場合定型的であり、οὕτως ἐστὶν ἡ βασιλεία τοῦ θεοῦ（「神の国は……のようなものである」）という句や（マコ 4:26; ルカ 7:31; 13:18, 20; トマ福 57:1; 76:1; 96:1; 97:1; 98:1 他 ）、ὁμοία ἐστὶν ἡ βασιλεία τῶν οὐρανῶν（「天国は……に似ている」）という句や（マタ 13:31, 33, 44, 47, 52; 20:1; トマ福 20:1 他 ）、τίνι ὁμοιώσω τὴν βασιλείαν τοῦ θεοῦ（「神の国を何に譬えようか？」）という句によって構成されている（ルカ 13:18, 20 他）[388]。これらの導入句はイエスの言葉の聞き手に対して語り掛け、これから始まる話が譬えであることに注意を喚起している[389]。形容詞 ὅμοιος や動詞 ὁμοιόω は同質性や類似性を表す言葉であるので[390]、イエスや福音書記者が譬えの本質を類似と比較に見ていると共に、イエスの譬え話の中心主題が神の国の福音であることを示している[391]。

387　Kennedy, *New Testament through Rhetorical Criticism*, 35–36.

388　Bultmann, *Die Geschichte der synoptischen Tradition*, 195; C. Münch, *Die Gleichnisse Jesu im Matthäusevangelium* (Neukirchen-Vluyn: Neukirchener Verlag, 2004), 132–155.

389　Kähler, *Jesu Gleichnisse als Poesie und Therapie*, 26–27; Erlemann, *Fenster zum Himmel*, 21.

390　*LSJ*, 1224–1225; Bauer-Aland, 1148–1149.

391　B. Gerhardsson, "If we do not cut the Parables out of their Frames," *NTS* 37 (1991): 325–326; Münch, *Die Gleichnisse Jesu*, 134–135.

イエスの譬え話には出だしの言葉が、聴衆に対する問い掛けである場合が多い[392]。言葉が問いで始まるということは、語られる内容に対する聴衆の反応を期待しているということであり、譬え話によるイエスの語りが対話的な性格を持っているということを意味する。イエスの譬え話冒頭の問いには様々なヴァリエーションがあり、修辞的効果を狙って場面によって使い分けがなされている。例えば、τίνι ὁμοιώσω τὴν βασιλείαν τοῦ θεοῦ（「神の国を何に譬えようか？」）という句は修辞的であり（ルカ 13:18, 20）、直ぐ後に続く文章で語り手であるイエス自身がその解答を与えている（ルカ 13:19, 21）。この自問自答は聴衆に何によって神の国の到来を知るのかという根本的問題を考えることの重要性を意識させる効果を持っている。

　また、共観福音書における譬え話には、τίς ἐξ ὑμῶν ....;（「あなた方の内の誰が……だろうか？」）という問い掛けで始まるものがある（マタ 12:11; ルカ 11:5, 11）。この場合の問いも修辞的であり、聴衆に譬えられていることが自明の事実であることを敢えて想起させている[393]。この問い掛けによって、譬え話として語られる内容について聴衆自身の理解が問われ、話の真意を理解して賛同することが期待されることとなる[394]。

392　Bultmann, *Die Geschichte der synoptischen Tradition*, 194; D. Estes, *Questions and Rhetoric in the Greek New Testament* (Grand Rapids: Zondervan, 2017); R. Zimmermann, "Form und Funktion der Frageparabeln des erinnerten Jesus," in J. Schröter/K. Schwarz/S. Al-Saudi eds., *Jesu Gleichnisse und Parabeln in der frühchristlichen Literatur: Methodische Konzepte, religioshistorische Kontexte, theologische Deutungen* (WUNT 456; Tübingen: Mohr-Siebeck, 2021), 99–117 を参照。

393　Bovon, *Lukasevangelium*, 2:537–538; G. Sellin, "Die Kosten der Nachfolge (Das Doppelgleichnis vom Turnbau und vom Krieg): Lk 14,28–32," in Zimmermann ed., *Kompendium*, 607.

394　E. Rau, *Reden in Vollmacht: Hintergrund, Form und Anliegen der Gleich-*

他方、一部の譬え話の中には、τί ὑμῖν δοκεῖ（「あなた方はどのように考えるだろうか？」）という問い掛けで始まるものがある（マタ 18:12; 21:28）。「迷った羊の譬え話」（マタ 18:12–14）では、語り手であるイエスは冒頭でこの句を使用して（18:12）、聴衆である弟子たちに、語られることを自分たちの問題として考え、反応することの重要性を強調している。「二人の息子の譬え話」（マタ 21:28–32）も、「あなた方はどのように考えるだろうか？」という聴衆である祭司長や律法学者たちに問い掛けから始まっている（21:28 を参照）。この問い掛けは、聴衆であるユダヤ教指導者たちに語られる譬え話の内容を自分たちに向けられた事柄として熟慮するように促している。

他方、ヨハネ福音書に出てくるイエスの譬え話には、ἐγώ εἰμι（「私は……である」）という導入句で始まるものがある（10:7; 10:11; 15:1）。このエゴー・エイミという句は神的存在の自己啓示定式であり（出 3:14 LXX; 6:20; ヨハ 8:24, 28; 13:19; 18:5, 7, 8 を参照）、譬え話の出だしの言葉であるに留まらず、語り手のイエス自身の存在の本質を短い言葉で提示しており、修辞学上の提題（πρόθεσις, propositio）の機能を果たしている。続いて語られる譬え話の本体部分は、出来事を叙述すること（διήγησις, narratio）を通してこの提題の真実性を聴き手に対して論証することとなる。

序論がなくいきなり譬え話の本体部分が始まる場合もある（マタ 13:3–9; 25:31–46; マコ 4:3–9; 12:1–11; ルカ 10:30–37; 14:8–14; 14:16–24; 15:4–7; 15:8–10; 15:11–32; 18:2–8; 18:10–14）。修辞学は演説において序論は不可欠でなく、場合によっては省かれることもあるとしている（クウィンティリアヌス『弁論家の教育』4.4.72）。例えば、置かれた文脈に

---

nisse Jesu (Göttingen: Vandenhoeck & Ruprecht, 1990), 37–38; Münch, *Die Gleichnisse Jesu*, 158–159; Zimmermann, "Form und Funktion der Frageparabeln," 110–112, 115.

おいて譬え話であることが明確である場合は、序論で改めてそのことを確認する必要がなく、いきなり本論に入ることができる（マタ 25:31–46）[395]。また、語られる内容が例話の性格を持つ場合は、比較の要素を含まないので通常の譬えのような比較の要素を含む定型的導入句を用いることはそもそも適切でない（ルカ 10:30–37; 18:2–8; 18:10–14）。なお、叙述文の中にこれからイエスの語ることが譬えであることを示す言葉が置かれていることがあるが（マタ 13:3, 24, 31, 33; 22:1; マコ 12:1–11; ルカ 14:7, 15; 15:3; 18:1, 9）、この場合は譬えの語り手であるイエスではなく、福音書物語の語り手（ナレーター）が読者にイエスの言葉の性格を予め説明していることになる。

5.3.2. 叙述（διήγησις, narratio）

　叙述（διήγησις, narratio）は事実認定が決定的役割を演じる法廷的弁論に固有な要素であるとされるが（アリストテレス『弁論術』1414a–b; クインティリアヌス『弁論家の教育』3.9.1）、他のタイプの弁論においては必ずしも不可欠とはされていない（1416b; 1417b）。しかし、イエスの譬え話の本体部分は常に仮想の出来事の叙述により構成されている。譬え話はそもそも物語の形式を採った譬えであり、当然に叙述的要素を内包しているからである[396]。叙述（陳述）は論証の基礎となるものであるので、簡潔で明快なことが求められるが（アリストテレス『弁論術』1417a; キケロ『発想論』1.20.28）、イエスの譬え話も概して簡潔である[397]。

　ルカによる福音書が伝える譬え話の中には、登場人物による独り言が紹介されている場合がある（ルカ 12:16–19; 15:17–19; 16:3–4; 18:10–12）。ルカは独白という文学的手法を用いて人間の行動動機を開示し、

395　Erlemann, *Fenster zum Himmel*, 22.

396　Rau, *Reden in Vollmacht*, 75, 81.

397　Rau, *Reden in Vollmacht*, 73–87.

読者に対する修辞的効果を挙げようとしている。独白がなされるのは、ある状況に直面する登場人物が特定の行動を選ぶ場面であり、彼らは率直な思いを心の中で語っている。独白は心の中に葛藤を持っている登場人物が、自分の思いを自分自身に語り掛けることであるので、一つの言論活動という側面も持っている。表白される思いの内容は状況や登場人物の人柄により異なっており、一様ではない。例えば、「愚かな金持ちの譬え話」（ルカ 12:16–19）や「不正な支配人の譬え話」（16:3–4）では、登場人物たちはこれから自分の利益に適った行動について思い巡らしている。修辞学的に言えば、取るべき将来の行動について論じることは助言弁論の典型的な主題である（クインティリアヌス『弁論家の教育』3.8.5）[398]。これに対して、「放蕩息子の譬え話」では、放蕩三昧の末に困窮した放蕩息子が我に返って父の家を思い起こして帰りたいという思いを持ち、心の中で自分自身に向かって、「ここを出て父のところへ行って、『お父さん、私は天に対して、またあなたの前に罪を犯しました。私はもはや子と呼ばれるに相応しくありません。私を雇い人たちの一人と同じように扱って下さい』と言おう」と語っている（ルカ 15:18–19）。父のところへ帰って自分の過去の行動が間違っていたと認めることは、修辞学上の罪の認容（concessio）に相当する（キケロ『発想論』1.15; 2.94）[399]。放蕩息子はその後に父のもとに帰り、この独白と同じ内容を父に対して述べて謝罪することとなる（ルカ 15:21）。

　「ファリサイ派と徴税人の祈りの譬え話」（18:10–14a）において、神殿においてファリサイ派の男は心の中で、自分が倫理的に正しく、敬虔な生活を送っている者であることを誇り、徴税人のような者でないことを神に感謝している（18:10–12）。これとは対照的に、徴税人は遠くに立ってう

398　Lausberg, *Handbuch*, §232.

399　Lausberg, *Handbuch*, §186.

つむいて胸を打ちながら、懺悔の祈りを捧げた（ルカ 18:13）。ここでは
ファリサイ派の独白は奢った自己義認の人物像を象徴し、徴税人の祈りは
自己の罪を告白し懺悔する人物像を表現している。ここでは、修辞学的に
は、人物創出（προσωποποΐα, fictio personae）と（クウィンティリア
ヌス『弁論家の教育』9.2.29–30）、対比（σύγκρισις, comparatio）の手
法（『弁論家の教育』8.4.9–14）を用いて、祈りに関する二つの非常に対
照的な態度が提示されている。

5.3.3 論証（πίστις, probatio/argumentatio）

修辞学は譬えを論証手段である例証の一つとしている（クウィンティリ
アヌス『弁論家の教育』5.11.1–2, 22–35）、譬えの本体部分は修辞学的上
の論証（πίστις, probatio/argumentatio）に属することになる。イエスの
譬え話は仮想の話を物語ることを通して主題の設定と論証を行うが、それ
に基づいてさらに詳しい議論を展開することはなく、直ちに結語を語る
ことになる。そのために、イエスの譬え話は幾つかの例外を除いて（マ
タ 25:1–13; 25:14–30; 25:31–46; ルカ 15:11–32）、10 節に満たないも
のが多く（マタ 13:1–9; 22:28–32; マコ 4:1–9; 12:1–11; ルカ 10:30–37;
14:8–14; 14:16–24; 15:4–7; 15:8–10; 18:2–8; 18:10–14）、大変簡潔であ
る[400]。言葉を換えて言えば、提示された譬え話の意味内容を咀嚼し、理解
するプロセスは聴き手に委ねられている[401]。

イエスの譬え話の中には、論敵たちを告発したり（マコ 12:1–1 並行）、
イエスの振る舞いを弁護する意図を持って語られたものがあり（ルカ
15:3–7; 15:8–10; 15:11–32 他）、法廷弁論の性格を持つものがある。こ
うした場合において、譬え話の本体部分は叙述（陳述）を通した論証（告

---

400 Jüngel, *Paulus und Jesus*, 74; Rau, *Reden in Vollmacht*, 73–83.

401 Kähler, *Jesu Gleichnisse als Poesie und Therapie*, 217; Zimmermann,
Parabeln in der Bibel, 137–139.

発と弁明）である性格が強くなる[402]。譬え話は仮構性を持つので、語られる事柄は法廷陳述が取り上げるような実際に起こった一回的出来事ではなく、繰り返し起こりうる典型的な出来事を提示することになる[403]。しかし、修辞的状況によっては一般的な言い方の中に特定の人物の特定の行動を示唆することは可能である（マコ 12:1–1 並行を参照）[404]。

　修辞学では、語り手が適切な題目や論点を発見して選択する「発想（εὕρεσις, inventio）」の過程が重視されている（アリストテレス『弁論術』1358b; キケロ『発想論』1.7.9; 偽キケロ『ヘレンニウスに与える修辞学書』1.2.3; クインティリアヌス『弁論家の教育』3.3.1–8）。イエスの譬えに採り上げられる題目は、農耕（マタ 13:24–30; 20:1–16; 21:28–32; マコ 4:1–9, 26–29, 30–32; 12:1–12; ルカ 8:5–8）、牧畜（マタ 18:12–14; 25:31–46; ルカ 15:4–7）、漁労（マタ 13:47–50）、商売（マタ 13:44, 45–46; 25:14–30; ルカ 19:12–27）、祝宴（マタ 22:1–14; 25: 1–13; ルカ 14:16–24）、主人の帰還（マタ 24:12, 45–51; 25:14; マコ 13:34–37; ルカ 12:35–40, 41–48）、祈り（マタ 7:9–11; ルカ 11:11–13; 18:2–8, 10–14）等である。どれも聴き手であるガリラヤやユダヤの民衆が慣れ親しんでいる日常的な題材を用いているが、それ自身を超えて神の国の福音や（マコ 4:26–29, 30–32 他）、失われた者に対する神の愛や（マタ 18:12–14; ルカ 15:4–7）、終末の時における人の子の来臨（マ

402　Zimmermann, *Parabeln in der Bibel*, 144; K. Erlemann, *Das Bild Gottes in den synoptischen Gleichnissen*, BWANT 126 (Stuttgart: Kohlhammer, 1988), 22.

403　譬え話中の登場人物の行動が現在時制ではなく過去時制で書かれることがあっても、それは過去の実話の報告ではなく、いつでも起こりうる事例の提示を意味している。

404　C. Münch, "Der erzählte Erzähler: Jesu Gleichnisse in den synoptischen Evangelien," in Schröter/Schwarz/Soham Al-Saudi eds., *Jesu Gleichnisse und Parabeln*, 128, 135.

タ 24:12, 45–51; 25:14; マコ 13:34–37; ルカ 12:35–40, 41–48 他）と
いった非日常的で超越的な出来事を指し示すメタファーとして機能してい
る[405]。そのために、話の内容には聴き手を驚かし、事柄を再考することを
促すような誇張や意外性が内包されている[406]。

5.3.4 結語（ἐπίλογος, peroratio）

　結語（ἐπίλογος, peroratio）は演説の結びの言葉であり、演説の内容を
要約すると共に、聴衆の感情に訴えて、論点を強く印象付ける機能を果た
す（アリストテレス『弁論術』1419b; キケロ『発想論』1.52.98–100; 偽
キケロ『ヘレンニウスに与える修辞学書』2.30.47）[407]。ガリラヤで語ら
れたイエスの譬え話には、「聞く耳のある者は聞くが良い」という言葉で
結ばれるものがある（マタ 11:15; 13:9, 43; マコ 4:9; ルカ 8:8; トマ福 8;
21; 63; 65; 96）。この言葉は、語った内容を要約するよりも、聞く者の姿
勢を鋭く問い、「聞く耳」を持って話を聞くように促している。聞く耳を
持つとは、譬え話が伝える内容が指し示す事柄の意味を新たに発見し、イ
エスの問い掛けに応じて生き方を改め、到来しつつある神の国に参与す
る姿勢を持つことである。イエスの譬え話では、聴衆が語られたことの意
味を発見し、受容する過程の大切さが強調されることになる[408]。なお、マ
タイ福音書 13 章においてこの言葉は、「種播きの譬え話」の結びだけで

405　Meurer, *Die Gleichnisse Jesu*, 312–314; Erlemann, *Das Bild Gottes*,
　　　26–27.

406　Meurer, *Die Gleichnisse Jesu*, 271–274; Kähler, *Jesu Gleichnisse als
　　　Poesie und Therapie*, 29, 213–214; Heininger, *Metaphorik*, 15–16; Münch,
　　　Die Gleichnisse Jesu, 175–176; Erlemann, *Fenster zum Himmel*, 31–32.

407　Rau, *Reden in Vollmacht*, 48–50; Baasland, *Parables and Rhetoric*,
　　　492–493, 583.

408　Kähler, *Jesu Gleichnisse als Poesie und Therapie*, 218; Zimmermann,
　　　Parabeln in der Bibel, 141–145.

なく（マタ 13:9）、「毒麦の譬え話」に関する説明の言葉の結びにも使用
されている（13:43）。マタイ福音書の理解では、イエスの弟子たちに象
徴される教会指導者たちは、「聞く耳」を持って譬え話とその説明を聞き、
そこに秘められた教えを聞き分けて実践するように要求されていることに
なる。

　譬え話の中には、末尾に締め括りとして一種の教訓が付されているも
のがある（マタ 12:45; 13:49; 18:14, 35; 20:16; 21:43; 22:14; 24:33, 44;
25:13; ルカ 7:35; 11:13, 41; 12:21, 40; 15:7, 10）。こうした解釈句は譬
えの要点をまとめ、聴衆や読者の脳裏にそれを焼き付ける効果を持ってい
る。例えば、マタ 18:35 は、「あなた方のめいめいが自分の兄弟を心から
赦さないならば、私の天の父も同様になさるであろう」と宣言している。
この解釈句は譬え話が、王に擬されている天の父なる神から罪を赦されて
いる者として、信仰の兄弟が自分に対して犯した罪を赦すように勧める言
葉であることを示しており、福音書記者マタイの理解を端的に示している
（マタ 6:12, 14–15 を参照）[409]。これに対し、ルカ 15:7 においてイエスは、
「あなた方に言っておくが、悔い改める罪人については、悔い改める必要
のない 99 人の義人に対してよりも大きな喜びが天にある」と宣言し、ル
カ福音書に通底する罪人の悔い改めの主題を強調する（ルカ 5:32; 15:10
を参照）。譬え話に付加された教訓の多くは伝承を担った教会や福音書記
者によって付け加えられた解釈句である[410]。付加された教訓は、譬え話の
内容の解釈を示して、福音書の読者の譬え話理解に方向付けを与える一方
で、イエスの譬え話が持っていた最初の聴衆に対する語り掛けの効果を覆
い隠して見えにくくする副作用も伴っている[411]。

409　Harnish, *Die Gleichniserzählungen Jesu*, 253–254.

410　Münch, *Die Gleichnisse Jesu*, 256–257.

411　Kähler, *Jesu Gleichnisse als Poesie und Therapie*, 218–219; Erlemann,
　　　Fenster zum Himmel, 21–22.

特別な結語が存在しない譬え話もある。例えば、「岩の上に家を建てる譬え話」（マタ 7:24–27; ルカ 6:47–49）、「畑の宝の譬え話」（マタ 13:44）、「良い真珠を見付けた商人の譬え話」（マタ 13:45–46）、「漁労の譬え話」（マタ 13:47）には末尾に教訓句がない。これらの譬え話では、描かれている登場人物の行動の結末が事柄の帰結を表しており、改めて解釈句によってポイントを確認する必要がないために、末尾に解釈句が置かれていないのであると思われる。

6. 聴衆の反応

　譬えや譬え話への聴衆の反応の問題は、譬え話研究においても修辞学研究においても取り上げられることが少ない。しかし、言語行為は聴き手の理解や共感を目指してなされるのが常であり、イエスの譬え話についても聴き手がそれをどのように受け止め、行動したかということは解釈上の重要なポイントとなる。福音書物語においてイエスの譬え話を聞いた者の反応が記される場合があり、福音書記者もこの問題に関心を示している。

　例えば、マルコ福音書によると、「私に従って来なさい。人間を獲る漁師にしてあげよう」という、イエスの譬えによる勧めに対して（マコ1:17 並行）、漁師であったシモンとアンデレの兄弟は網を捨ててイエスに従い、宣教者となっている（マコ1:18 並行）。「人間を獲る漁師」という譬えを彼らは問題なく理解し、イエスの弟子となってその後に従っている。

　一方、種播きの譬え話を群衆と共に聞いた弟子たちは、十分に理解できず、譬え話の意味をイエスに尋ね（マコ4:10–12 並行）、それに答えてイエスは彼らの無理解を詰りながらも譬え話の解釈を与えている（マコ4:13–20 並行）[412]。しかし、マルコ福音書はこの説明に対する弟子たちの反応を書き留めていないので、彼らがイエスの説明に納得したかどうかは不明である。また、4千人の給食の奇跡の後に、「ファリサイ派のパン種とヘロデのパン種によくよく気を付けなさい」と述べたイエスの言葉に対して、弟子たちは譬えが理解できず、自分たちがパンを十分に持つ

412　Münch, "Der erzählte Erzähler," 132–133 はこの点に物語論の視点から注目している。

てくるのを忘れたからなのかと論じ合っている（マコ 8:16）。マルコ福音書の記述によれば、イエスの譬えは彼らにとって理解不能な謎に留まっている。マタイ福音書もこのやり取りをマルコに従って記しているが（マタ 16:5–7）、イエスがこの譬えの意味を説明すると弟子たちは意味を理解するに到ったことを付け加えている（16:8–12）。他方、マタイ福音書 13 章によれば、弟子たちが「毒麦の譬え話」（マタ 13:24–30）を聞いた後に、その意味を尋ね（13:36）、それに答えてイエスがその意味を解き明かしている（13:37–43）。すべての譬え話を語り終えた後にイエスは弟子たちに、「あなた方はこれらすべてのことが分かったのだろうか？」と問うと、彼らは「はい」と答えている（13:51）。マタイ福音書においては弟子たちの無理解の契機が後退し、彼らの理解者としての側面が強調され、賞賛されている（13:16–17, 34–35 を参照）。

　マルコ福音書にも、譬えの意味を聴衆が即座に理解して反応する例もある。神殿の庭において、祭司長、律法学者、長老たちに対して語られた「ぶどう園の主人と小作人の譬え話」（マコ 12:1–11 並行）において、この譬え話を聞いたユダヤ人指導者たちは、自分たちのことが当てつけられていることに気付いてイエスの身柄を拘束しようとするが、群衆を恐れてそれを控えている（マコ 12:12 並行）。ユダヤ人指導者たちは語られた譬え話を理解する力を持っていたが、イエスに聞き従う意思をそもそも欠いていたので、さらに敵対関係を深める結果となった事情が浮き彫りになっている。

　ルカ福音書は譬えによる説教を聞いた者の反応に関心を寄せている。例えば、洗礼者ヨハネは厳しい内容の説教を語り、聞く者たちに「悔い改めに相応しい実を結びなさい」と呼び掛けている。ヨルダン川のほとりでこの言葉を聞いた者たちは、生き方を変えることが言われていること理解して、「では、私たちは何をすれば良いのですか？」と尋ね、ヨハネが具体的な指示を与えている（ルカ 3:10–14）。この事例は、宣教者で

あるヨハネが用いた譬えは聴衆によって理解され、彼らの心を動かした
ことを示している。

「善いサマリア人の譬え話」（ルカ 10:30–37）では、「私の隣人とは誰
ですか？」という問いに答えて（10:29）、イエスは隣人愛の例証として
譬え話を語った後に（10:30–35）、律法学者に対して、「あなたはこの三
人のうちの誰が追いはぎに襲われた人の隣人となったと考えるか？」とそ
の意味を問う（10:36）。律法学者は、「その人を助けた人です」と答えて
いるが（10:37a）、この答えは彼が譬え話の趣旨を理解したことを示して
いる。しかし、「行ってあなたも同じ事を行いなさい」（10:37b）という
イエスの勧めの言葉に対して、彼がどのように反応したのかは書かれてい
ない。

ヨハネ福音書では譬えや譬え話を聞いた聴衆の無理解や躓きの側面が
強調されている[413]。例えば、イエスはニコデモとの対話において（ヨハ
3:1–15）、「新たに（上より、再び）生まれる」という譬えを用いている
（3:3, 7）。この表現は洗礼によって霊的な新生の機会を与えられることを
指しているが、対話者のニコデモはこの表現の指示内容を理解せず、成人
した人間がもう一度母の胎から生まれることと誤解した（ヨハ 3:4）。

ヨハネ福音書4章において、イエスはサマリアのシカルの町の井戸の
ほとりで、水を汲みに来たサマリア人女性に対して、信じる者にイエスが
与える「活ける水」というメタファーを用いて語る（4:10, 13–14）。サマ
リア人女性にはこのメタファーの意味が明らかでなく、彼女は井戸の水の
ことを言っていると誤解し続けている（4:11–12, 15）。

ヨハネ福音書6章においてイエスは譬えを用いて自らが「天から降っ
てきたパン」であると宣言する（ヨハ 6:32–33, 35, 41, 48, 51）。ユダヤ

413　この点に注目しているのが、K. Schwarz, *Gleichnisse und Parabeln im
Thomasevangelium*, BZNW 238 (Berlin: de Gruyter, 2020), 287–289 である。

人聴衆はこのナザレのイエスが「天から降って来た」ことを受け入れることができず、譬えを理解することができなかった（ヨハ 6:41–42）。イエスの言葉に躓いた人々は、天から降って来たパンであるイエスを食する者は永遠の命に到るとするイエスの言葉を（6:51–52, 53–57）、人肉を食べることを勧める言葉と誤解して躓いてしまった（6:52, 60–66）。

　ヨハネ福音書 10 章には 3 つのイエスの譬え話が記されている（10:1–5; 10:7–10; 10:11–18 を参照）。これらの譬え話はユダヤ人聴衆に対して語られているが、聞き手には謎めいた言葉と受け止められて理解されず（ヨハ 10:6）、その解釈を巡って聴衆が分裂することとなる（10:19–21）。

　他方、イエスの弟子たちも先生が語る譬えや譬え話をその場では即座に理解できていない。最後の晩餐の席上でイエスが与えた別れの説教において、弟子の一人であるトマスが発した天の父の家に到る道に関する問いに答えて、「私は道であり、真理であり、命である」と宣言する（14:6）。この言葉は自己啓示の言葉であるが、聞き手である弟子たちはその場では理解できていない。この言葉の真意を理解するには、復活・昇天後にキリストが父なる神のもとから降す「真理の霊である」聖霊を受けることが必要である（14:16–17, 26）。イエスを信じる者が与えられている聖霊は、イエスの言葉を想い起こさせて、真理をことごとく理解させることになる（15:26–27; 16:13）。ヨハネによる福音書はイエスの譬えを理解する力を聖霊の導きに帰しているが、このような認識論は他の福音書では展開されていない。

7. 結論と展望

　第一に、本研究は譬え・譬え話の包括的理解を目指しており、ストーリー性を備えた物語ではなく短い成句として譬えが用いられている場合も考察の対象とした。成句として譬えは、イエスの言葉だけではなく、福音書物語のナレーターが語る叙述部分にも（マタ 2:6; マコ 1:4; ヨハ 1:4b, 5a, 9）、イエス以外の登場人物の言葉にも出てきている（マタ 3:7–12 ; ルカ 1:68–79; 2:29–32; 3:7–17 を参照）。譬えは象徴性の強い言語表現として詩文との親和性が強いが（アリストテレス『詩学』1457a–1459; 『弁論術』1406b を参照）、ナレーターが語る旧約預言の引用文にも（マタ 3:7–12; マコ 1:1–2; ルカ 3:4–6）、登場人物が語る詩文にも（ルカ 1:68–79; 2:29–32）、メタファーとしての譬えが多用されている（マタ 4:16「暗闇に輝く光」；マコ 1:3「荒野に叫ぶ者の声」；ルカ 1:69「救いの角」；1:78b「高いところからの曙光」；2:32「諸国民への啓示の光」）。これらのメタファーでは旧約預言に由来する表象にキリスト論的な解釈が施されており、譬えの持つ視覚性を活用してイエスの誕生の意味を印象的に語り、読者の脳裏に焼き付けようとしている。

　同様な現象は、ヨハネ福音書に用いられる成句としての譬えについても認められる。成句としての譬えは、物語の語り手の叙述の中にも（ヨハ 1:4b, 5a, 9「光」；1:5b「闇」）、登場人物の発言（ヨハ 1:23「荒野に叫ぶ者の声」；1:29, 36「世の罪を取り除く神の子羊」）の中にも出てくる。ヨハネ福音書が展開する詩的で象徴的な言語空間は、譬えと親和性がとりわけ強い。

　第二に、共観福音書に登場するイエスの譬えは数多いが、譬えが語られた場所の相違に従って、ガリラヤで語られた譬えと、エルサレムへ向か

う途中で語られた譬えと、エルサレムで語られた譬えに大別できる。ガリラヤで語られた譬えは、民衆と弟子たちに向けられており、ガリラヤの風土とそこで営まれる農業や漁業を背景にして、農耕（マタ 9:37–38; 13:3–9, 24–30, 31; マコ 4:3–9, 30–31; ルカ 6:43–45 他）や、漁労（マタ 4:19; マコ 1:17）や家事労働（マタ 13:33; マコ 4:21–25; ルカ 8:16–18 他）を主題にする譬えが多い。このような題目の選択は、聴衆に農民や漁民が多くいたことに起因している。譬えは聴衆が親しんでいる日常的現象を通して、神の国の到来という目に見えない超越的現象を表現する文学的手段となっている。

　エルサレムへ向かう途中で語られた譬えは、主として弟子たちに対して語られており、「父親への願いの譬え」（ルカ 11:11–12）のような信仰生活に関する譬えや、「灯りと燭台の譬え」（ルカ 11:33）のような、弟子たちの社会における在り方を語る譬えや、「収穫主の譬え」（マタ 9:37–38; ルカ 10:2）のように、弟子たちがこれから従事することになる宣教活動に関する譬えが多い。

　エルサレムで語られた譬えは、律法学者や祭司たち等の論敵に対して語られた譬えと弟子たちに語られた譬えとがある。前者はイエスの宣教を受け入れず、敵対するユダヤ人指導者たちの拒否的態度を告発し非難する内容を持つ（マタ 21:28–32; マコ 12:1–11; ルカ 20:9–19）。後者は世の終わりに起こるべきことを弟子たちだけに示して、その時に備えるように勧める内容を持つものが多い。例えば、「イチジクの木の譬え」（マタ 24:32–33; マコ 13:28–29; ルカ 21:29–31）は弟子たちだけに語られた譬えであり、終末の接近を知るためのしるしについて語っている。

　ヨハネ福音書におけるイエスの譬えの機能はかなり異なっている。ヨハネ福音書においてイエスは、神殿においてユダヤ人たちに対する自己啓示の言葉として譬えを用いている。例えば、ヨハネ 8:12 においてイエスは神殿の庭において集まった人々に対して、自己が世の光であることを宣言

し、信じて従ってくるように勧めている。また、ヨハ 12:35–36 では光と闇の譬えを用いて、イエスを信じて従うように促している。他方、イエスは弟子たちに対して、「地に落ちて死ぬ穀物の粒の譬え」（12:24–25）を語って自己の十字架上の死の意味を説き明かしている。

　第三に、ストーリー性を備えた譬え話は、福音書ではイエスの言葉にしか使用されていない。譬え話は語り手であるイエスから、聴衆である民衆や、弟子たちや、論敵たち等に語られて設定となっているが、福音書記者が読者に対して語り掛けるという二次的な修辞的状況が存在する。例えば、叙述文の中にこれから語られることが譬え話であることを示す言葉が置かれ、読者にイエスの言葉の性格を予め説明することがある（マタ 13:24, 31, 33; 22:1; マコ 12:1–11; ルカ 14:7, 15; 15:3; 18:1, 9）。

　第四に、修辞的種別について言えば、イエスの神の国の福音の譬え話の多くは、基本的機能において演示的である（マコ 4:21–23; 4:26–29他）。他方、弟子たる者の生き方を示すために語られた一群の譬えの機能は助言的である（マタ 7:13–14: 7:15–20; 7:24–27; マコ 13:34–36; ルカ 6:23–25 他）。これに対して、論敵との対論の文脈で語られた譬え話は（マコ 12:1–11; ルカ 10:30–37; 15:3–7; 15:8–10; 15:11–32 他）、機能において法廷的である。

　第五に、共観福音書に出てくるイエスの譬え話の序論の多くは、「神の国は……のようなものである」という句や（マコ 4:26; ルカ 7:31; 13:18, 20 他）、「天国は……に似ている」という句や（マタ 13:31, 33, 44, 47, 52; 20:1 他）、「神の国を何に譬えようか？」という句によって構成されている（ルカ 13:18, 20 他）。これらの導入句はイエスの言葉の聞き手に対して、これから始まる話が譬えであることに注意を喚起している。

　イエスの譬え話には出だしの言葉が、聴衆に対する問い掛けである場合もある（マタ 12:11; 18:12; 21:28; 24:45; マコ 4:30; ルカ 11:5, 11; 13:20; 14:28, 31; 15:4, 8; 17:7）。イエスが発する問いは基本的に修辞的

であり、聴衆に譬えられていることが自明の事実であることを敢えて想起させている（マタ 12:11; 18:12; ルカ 11:5, 11; 12:25; 14:4 を参照）。この問い掛けによって、譬え話として語られる内容について聴衆自身の理解が問われ、話の内容を理解して賛同することが期待されることとなる。

　ヨハネ福音書に出てくるイエスの譬え話は短い成句としての譬えの一部と同様に（8:12）、エゴー・エイミ（ἐγώ εἰμι）という導入句で始まるものがあり（10:7; 10:11; 15:1）、自己啓示の言葉という性格が強い。この場合の出だしの言葉は語り手のイエス自身の存在の本質を短い言葉で提示しており、修辞学上の提題（πρόθεσις, propositio）の機能を果たしている。続いて語られる譬え話の本体部分は、この提題の真実性を聴き手に対して論証する機能を果たしている。このような論理構造を持つ譬え話は共観福音書中の譬え話にはみられない。

　第六に、譬え話の本体部分は修辞学的に言えば、論証の一環をなす例証（範例）であるとされるが、物語的要素を含んでいるために、叙述（陳述）の機能も併せ持っている。譬え話は譬えを語ることによって主題の設定と証拠の提示を同時に行い、直ちに結語を語ることになる。イエスの譬え話は日常的な題材を用いながら、それ自身を超えて神の国の到来や、失われた者に対する神の愛や、終末の時におけるキリストの来臨といった非日常的で超越的な出来事を指し示すメタファーとして機能している。

　第七に、ガリラヤで語られたイエスの譬え話に出てくる結びの句は（マタ 11:15; 13:9; マコ 4:9; ルカ 8:8）、聞く者の姿勢を問い、「聞く耳」を持って話を聞くように促している（マタ 11:15; 13:9; マコ 4:9; ルカ 8:8）。彼らは提示された事柄の意味内容を自ら発見して、受け入れ、神の国の到来という終末的出来事に参与することが期待されている。他方、譬え話の末尾に付け加えられた教訓は、福音書記者が譬えの要点をまとめて、聴衆や読者の理解を助ける効果を持っている（マタ 18:35; ルカ 15:7, 10 を参照）。

第八に、福音書物語においてイエスの譬え話を聞いた者の反応が記される場合が、多くの場合は彼らの無理解を示している。マルコによると、種播きの譬え話を聞いた弟子たちは、十分に理解できず、譬えの意味をイエスに尋ね（マコ 4:10 並行）、イエスが譬え話の意味を説き明かす格好になっている（マコ 4:10 並行）。このような問答がなされるのは、譬え話が間接的な語り方であり、その意味を知るためには解釈を必要としているためである。理解に関して言えば、譬え話の機能は両義的であり未知の事柄を既知の事柄に置き換えて理解を助ける機能がある一方で（マタ 13:33–34; マコ 4:33–34 を参照）、指示するものと指示されるものの対応関係が理解できなければ謎に留まる可能性も持っている（マタ 13:10–17; マコ 4:11–12 を参照）。

第九に、ヨハネ福音書における譬え話について言えば、ユダヤ人聴衆はそれを聞いた時に謎めいた言葉としてその意味を理解できなかった（ヨハ 10:6）。当初は弟子たちでさえも、譬え話の意味を当初は理解することができなかったが、イエスが十字架に架けられて死に、栄光を受けることになった後に彼ら理解することができるようになる。ヨハネ福音書は、イエスの死と復活・高挙の出来事から、イエスの生涯と言葉とを振り返り、その意味を解明する回顧的視点より書かれている文書であるが、イエスの譬え話も同様に、イエスの死と復活・高挙の出来事から振り返って見たときに初めてその真意が理解されることになる。ヨハネ福音書の譬え話はこのような特別な認識論的構造を前提に語られている点で、より直接的な形で提示されている共観福音書の譬え話とは異なっている。

付論：トマス福音書における譬え・譬え話

1. 古代文書としてのトマス福音書

　古代教会における異端的グループであったグノーシス派がトマス福音書と呼ばれる文書を伝えていたことは、古代教父たちの言及により良く知られていた（ヒッポリュトス『全異端反駁』5.7.20; オリゲネス『ルカ福音書講解』1.5.13–14; エウセビオス『教会史』3.25.6 を参照）[414]。しかし、その後のキリスト教の歩みの中でグノーシス派は異端的グループとして排除されてしまったために、トマス福音書の本文は伝えられておらず、その内容の詳細は不明であった。ところが、1945 年にエジプトのナイル川の中流にあるナグ・ハマディから、紀元四世紀に遡るコプト語写本が発掘され、その二冊目に「トマスによる福音書」と名付けられた文書があることが判明し、研究者はトマス福音書本文の写本に接することができるようになった[415]。この写本は古代コプト語で書かれているが、ギリシア語からの

414　S. J. Gathercole, "Named Testimonia to the 'Gospel of Thomas': an Expanded Inventory and Analysis," *HTJ* 105 (2012): 53–89; U.-K. Plisch, *Das Thomasevagelium mit Kommantar* (2. verbesserte Aufl.; Stuttgart: Deutsche Bibelgesellschaft, 2016), 13; K. Schwarz, "Gospel of Thomas," in J. Schröter/C. Jacobi eds., *From Thomas to Tertulian: Christian Literary Receptions of Jesus in the Second and Third Centuries CE* (*The Reception of Jesus in the first Three Centuries* vol. 2; London: T & T Clark, 2020), 265 を参照。

415　Schwarz, "Gospel of Thomas," 265–267; J. M. Robinson, *The Publication* (*Nag Hammadi Story*, vol.2; Leiden: Brill, 2014), 799–900; E. E. Popkes, "Parabeln im Thomasevangelium: Einleitung," in R. Zimmermann ed.,

借用語が多く含まれている上に、一部の語録はギリシア語で書かれたオキシリンコス・パピリの一部に重複しているので（P.Oxi. 1,654, 655）、ギリシア語原本からコプト語に訳されたと推定されている[416]。

なお、一部の研究者は、多くのトマス伝承が古代のキリスト教の中心地の一つ、シリアのエデッサに由来することと、トマス福音書にはセム語風の表現が随所に見られることから、原本はエデッサにおいてシリア語で書かれ、後にギリシア語に訳されたと推測している[417]。

この書物を含むナグ・ハマディ文書全体のファクシミリ版が1972–84年にオランダのブリル社より刊行されて以来、世界中の研究者がトマス福音書のコプト語本文に障害なくアクセスできるようになっている[418]。トマ

Kompendium der Gleichnisse Jesu (2. korrigierte und um Literatur ergänzte Aufl.; Gütersloh: Gütersloher Verlagshaus, 2015), 852 を参照。

416　荒井『トマスによる福音書』26–28 頁；S. J. Gathercole, *The Gospel of Thomas: Introduction and Commentary* (Leiden: Brill, 2012), 23–24; J. Schröter, "Thomas unter den Evangelisten," in J. Schröter et al., *Gospels and Gospel Traditions in the Second Century: Experiments in Reception* (Berlin: de Gruyter, 2019), 198–199 を参照。

417　R. M. Grant, *The Secret Sayings of Jesus* (Garden city, NY: Doubleday, 1960), 67; H. Koester, *Ancient Gospels: their History and Development* (London: SCM; Philadelphia: Trinity Press International, 1990), 80; R. Uro, *Thomas: Seeking the Historical Context of the Gospel of Thomas* (T & T Clark: London – New York, 2003), 9–11; E. E. Popkes, *Das Menschenbild des Thomasevangeliums: Untersuchungen zu seiner religionsgeschichtli-cheen und chronologischen Einordnung*, WUNT206 (Tübingen: Mohr-Siebeck, 2007), 6; S. J. Patterson, *The Gospel of Thomas and Christian Origins*, NHMS 84 (Leiden: Brill, 2013), 14; 荒井『トマスによる福音書』28–30 頁を参照。

418　The Department of Antiquities of the Arab Republic of Egypt, *The Facsimile Edition of the Nag Hammadi Codices* (Leiden: Brill, 1972–84).

ス福音書の校訂本は 1959 年以来数種刊行されているが、本論考はカイロの博物館に所蔵されている原本に基づいてベントレイ・レイトンが作成したものを底本にして考察を進めている[419]。信頼できる英訳は、レイトンの校訂本の右の頁に付されたトマス・ランムディンによる訳文であるが、その他にも様々な翻訳の試みがなされている[420]。日本語訳は、荒井献による翻訳があり、本論考も日本語の訳文を引用する時は、荒井訳に依拠しているが、一部はコプト語本文を参照して修正を加えている[421]。

2. トマス福音書中の譬え・譬え話

2.1 トマス福音書における譬えの特色

トマス福音書に使われる言葉は象徴性が高く、成句としての譬え（比喩）が使用される頻度は高い。トマス福音書は語録集であって物語性が弱いので、譬えが語られた文脈がなく、それぞれの語録はイエスが弟子たちに対して世界の秘密と人間の救済への道を密かに啓示するスタイルをとっている。

---

419 B. Layton, *Nag Hammadi Codex II,2–7 together with XII,2, Brit. Lib. OR 4926 (1) and P.Oxi 1,654, 655* (Leiden: Brill, 1989), 53–93; さらに、A. Guillaumont et al., *The Gospel according to Thomas: Coptic Text established and translated* (San Francisco: Harper & Row, 1959); M. Meyer, *The Gospel of Thomas: The Hidden Sayings of Jesus* (San Francisco: Harper Collins, 1992) を参照。

420 T. O. Lambdin, "The Gospel of Thomas," in *Nag Hammadi Library in English*. Revised edition (Leiden: Brill, 1988), 126–138; S. J. Patterson et al., *The Fifth Gospel: The Gospel of Thomas Comes of Age. New Edition* (London: T & T Clark, 2011), 7–32.

421 荒井献「トマス福音書」『ナグ・ハマディ文書 II 福音書』岩波書店、1998 年、18–51 頁。

参考1　トマス福音書における譬え一覧

	トマ福	主題	並行箇所
1	7	人間とライオン	アグラーファ
2	10, 16	火を投じる	ルカ 12:49
3	11, 24, 50, 61, 83	光と闇	ヨハ 1:4–5, 9–10; 8:12
4	26	目の中の塵と梁	マタ 7:3–5; ルカ 6:41–42
5	28	酔い	アグラーファ
6	39:2	蛇と鳩	マタ 10:16
7	43:3	木への愛と実への愛	マタ 7:16–20; 12:33; ルカ 6:43–44
8	47:1	馬と弓	アグラーファ
9	47:3	古い酒と新しい酒	マコ 2:22; マタ 9:17; ルカ 5:37–38
10	48, 106	山を移す	マタ 18:19
11	50	光の子ら	ヨハ 12:36
12	55	十字架を負う	マタ 12:37–38; ルカ 14:26–27
13	62	右手の業を左手に知らせるな	マタ 6:3
14	66	隅の頭石	マコ 12:10; マタ 21:42; ルカ 20:17
15	71	家を壊し、建てる	マコ 14:58; マタ 26:61; ヨハ 2:19
16	90	イエスの軛	マタ 11:28–30
17	93	聖なるものを家畜に投げてやらない	マタ 7:6

　用いられている譬えは共観福音書にも用いられているものが多い（「参考1　トマス福音書における譬え一覧」を参照）。トマス福音書の著者は、当時の教会で広く流布していた伝承の中から、自分たちの思想を表現するのに相応しい成句を選び出して、新たな意味付けを加えて収録したのであった。例えば、「古い酒と新しい酒の譬え」（トマ福47:3）は正典福音書では、ファリサイ派の弟子たちが断食しているのに、イエスの弟子たちが何故そうしないのかという問いに答える文脈で語られており（マコ2:21–22並行）、イエスの教えに基づく生き方と伝統的なユダヤ教の教えに基づく生活の実践とをそれぞれ新しい酒と古い革袋とに譬えている。こ

れに対して、トマス福音書には物語的文脈がなく、譬え話を他の意味連関の中に置くことが可能である。断食や（イザ 58:3–5; トビ 12:7–9; マタ 6:16 を参照）、祈りや（王上 8:27–34; 王下 4:33; イザ 1:15; 26:20; トビ 12:8, 12; シラ 3:5; 7:10, 14）、施し（箴 10:2; トビ 4:7–11; マタ 6:2 を参照）等のユダヤ教的徳目を引き続き実践することは語録 6 や 14 でむしろ自身に罪を招来する行為として非難されている[422]。このことは、グノーシス派が祈りや断食に対して否定的であったというアレクサンドリアのクレメンスの証言に一致する（『ストローマテイス』7.41.1 を参照）。語録 47:3 において問題になる古い革袋とは、ユダヤ教的慣行を継承して断食や祈りや施しを実践している正統教会の慣行のことであり、新しい酒であるイエスの教えには適しないとされている。断食や（マタ 6:16–18; 9:14–17; マコ 2:19–20; ルカ 5:33–35; 使 13:2; ディダケー 1:3; 8:1; バルナバ 3:1–3 を参照）、祈りや（マタ 6:5–6; 使 2:42; 3:1; 10:2, 9; 12:5; 13:3）、施しは（マタ 6:2; ディダケー 1:6; 15:4; II クレメンス 16:4 を参照）イエスの死と復活後の教会では再び善き業として甦り、正統教会の信徒たちによって実践されていたのである。トマス福音書は、ユダヤ教的慣行の批判に仮託して正統教会の慣行の批判を展開し、教会の多数派の人々と鋭く対立することとなった。

「火を投じる譬え」（トマ福 10「私は火をこの世に投じた。そして、見よ。私はそれを、それが燃えるまで守る」）は、「私は地に火を投じるためにやって来た。そして、それが既に燃え上がっていることをどれほど欲しているであろうか」と述べるルカ 12:49 に並行している。初期キリスト教において、火は終末の裁きの象徴として用いられる（マタ 3:10–12; I コリ 3:13; II ペト 3:17 を参照）。ルカ 12:49 が引用する伝承によれば、ま

422　Grant, *The Secret Sayings*, 75; Gathercole, *The Gospel of Thomas*, 224–225.

だ終末は到来しておらず、地上に火はおこっていない。これに対して、トマ福10は、イエスによって既に火がこの世に投じられており、イエスはそれがこの世を焼き尽くすように見守っている。この場合に火とは、世界と自己についての根本的な認識の変革をもたらす知識のことであり、受け入れる者と受け入れない者の間で分断と争いをもたらすことになる（トマ福16を参照）。

　「木への愛と実への愛の譬え」（トマ福43:3）は、共観福音書に引用されている「木と実の譬え」に並行しているが（マタ7:16–20; 12:33; ルカ6:43–44）、文言の相違も大きく、並行する別伝承に由来すると考えられる。共観福音書伝承は信仰者を木に、行いを木の実に譬える旧約聖書のメタファーの伝統に立ち（詩1:3; イザ3:10; エレ17:8, 10を参照）、正しい信仰に立つ者を木に、その行いを実に譬えている。「良い木が良い実を生み、悪い木が悪い実を結ぶ」（マタ7:17; 12:33; ルカ6:43–44）のであるから、聞く者に正しい信仰に立つ「良い木」になるように勧めている。さらに、マタイが引用する伝承は、実である行いを見て、真の預言者どうかを見分けるように促している（マタ7:16–20）。

　共観福音書伝承は旧約聖書の伝統に従って信仰と行いの一体性を前提にしているが、トマス福音書が引用する伝承は、むしろ両者の分裂を問題にしている。聞き手の弟子たちはユダヤ人のように、「木を愛してその実を憎み、実を愛してその木を憎む」と非難されている。「木を愛する」ことと「実を愛する」ことが、具体的に何を念頭に置いており、何故両者が二者択一の選択になるのかは説明されていないが、この言葉を伝承したグループの内部では暗黙のうちに了解されていたのであろう。正典福音書のマタイ福音書におけるユダヤ教指導者批判の言葉は、彼らの心と行いの分離を問題にしており、彼らは偽善者として非難されている（マタ6:1–18; 23:1–36を参照）。これに対して、トマス福音書伝承はユダヤ教徒のイメージに仮託して正統派の教会指導者たちの批判をしており、彼らの硬直

した二元的信仰の在り方を批判している。ちなみに、二世紀初頭の正統教会の在り方を反映する牧会書簡は「健全な教え」である正しい教理の継承を重視する一方で（I テモ 1:10; II テモ 4:3; テト 2:1 を参照）、倫理的行いを強調し、周辺世界の倫理思想のように行うべき徳目を列挙している（I テモ 6:11–12; II テモ 2:2 を参照）。トマス福音書を伝えるグループの目から見ると、正しい教理の守護者を自認する正統教会において、信仰と行いの有機的な関係は倫理主義的な傾向の中で失われているのである。

　譬えの中には、「隅の頭石」のように旧約聖書に由来する表現もあり（詩 118[117]:22）、正典福音書ではそのことが明記されている場合があるが（マコ 12:10; マタ 21:42; ルカ 20:17）、トマス福音書は敢えてそうしていない（トマ福 66 を参照）。正典福音書は旧約諸文書を「聖書（γραφή）」としてその記載内容に規範性を認め、イエスの生涯を聖書の成就の観点から解釈していた。これに対して、旧約聖書に証しされる創造主と被造世界を否定的に見るグノーシス派は、旧約聖書に対して規範的意義を認めておらず、キリスト論的主張の根拠付けのために引用することもなかった。イスラエルの預言者たちを「死人」と呼びその証言の価値を否定するトマス福音書にも（トマ福 52:2）、このようなグノーシス派の思想的傾向が現れている。

　ヨハネ福音書と共通な譬えの使用例は少ないが、光と闇の譬えはトマス福音書でもヨハネ福音書でも中核的な思想を現す重要表現として用いられている（トマ福 11, 24, 50, 77 をヨハ 1:4–5, 9–10; 8:12 と比較せよ）。例えば、語録 77 においてイエスは、「私はすべての上にある光（ογοειν）である」と述べるが（アレクサンドリアのクレメンス『ストロマテイス』2.78）、ヨハ 8:12 においてイエスは、「私は世の光（τὸ φῶς τοῦ κόσμου）である」と宣言している。ヨハ 8:12 の言葉はエルサレムの神殿の庭という公の場において、そこに集まったユダヤ人たちに対して宣言されたという設定になっているのに対して、語録 77 は、「あなたがた」

と呼ばれる弟子たちに対して語られ、自分たちが光から来た者、光の子らであることを認識するように促している。

　語録24は、「光の人の只中に光がある。そして、それは全世界を照らしている。それが照らさなければ、それ（彼）は闇である」と述べている（トマ福11; 50; 61; 77; 83も参照）。この言葉は光と闇のメタファーを用いている点で、ヨハネ福音書のプロローグの記述に出てくる、「いのちは人々の光（φῶς）であった。光は闇の中に輝いている」という言葉や（ヨハ1:4b–5a）、「すべての人を照らす真の光（τὸ φῶς τὸ ἀληθινόν）であり、世にやって来た」という言葉に似ている（ヨハ1:9）。ヨハネ福音書においては、世界を照らす光であるキリストを受け入れることをしない不信仰な世界が闇に譬えられている。これに対して、語録24の言葉においては、光のメタファーの内面化が見られる。ここでは光は人間（「光の人」）に内在しながら、人間世界を内側から照らしている霊的真理を指している。この内なる光が照らさなければ、世界は闇に陥る。この語録は読者に内なる真理の光の認識を失わず、闇に陥ることがないように勧めている。

　これらの用語的な親近性と相違点は、トマス福音書の言語世界とヨハネ福音書の言語世界、ひいては両者の思想世界に接点があることを示すと共に、互いの間に存在する隔たりも示している。ヨハネ福音書はこの世をトータルに否定はせず、キリストを受け入れることを通して闇から光へ到り、死からいのちに移ることを勧めているが、トマス福音書の語り方はより内省的であり、自分たち人間自身の中に輝き世界を照らしている内なる光を凝視するように促しているのである[423]。

　正典福音書に出てこないイエスの言葉（アグラーファ）に属する譬えも

423　E. E. Popkes, "Vom Lichtmenschen: EvThom 24," in Zimmermann ed., *Kompendium*, 890–891.

付論：トマス福音書における譬え・譬え話 | 161

3例あるが、そこに使用されているイメージは宗教的内容を表現する譬え
としては奇抜であり、外部者には意味が容易に分からない（トマ福7「人
間とライオンの譬え」; 28「酔いの譬え」; 47:1「馬と弓の譬え」を参照）。
このような表現が説明抜きに用いられているということは、それらがこの
福音書を生み出したグループの内部だけで流通する暗号的な表現になって
おり、外部者には分からなくてもグループの成員には意味が通じていた
と考えられる。解釈者はトマス福音書の本文を慎重に吟味した上で、他の
ナグ・ハマディ文書に出てくる並行箇所や類似表現を比較検討することに
よって、秘められた意味を回復する必要がある。

　メタフォリカルな語り方をしているトマ福7の文言（「人間に食われる
ライオンは幸いである。そうすれば、ライオンが人間になる。そしてライ
オンに食われる人間が忌まわしい。そうすれば、人間がライオンになるで
あろう」）も、意味が分かりにくい。人間に食べられた結果、人間となる
ライオンとは一体何のことを言っているのだろうか？　この語録の表面的
な意味は、人間に食べられたライオンの肉は、消化されて人間の体の一部
になるので幸いであり、逆に、ライオンに食べられた人間はライオンの体
の一部になるから禍であるということであろうか[424]。しかし、この発言は
宗教的次元を持っており、そこに込めた象徴的な意味を読み解くことが必
要である。

　ライオンは非常にどう猛な肉食獣であり、古来、家畜や人間を襲って食
べる存在として恐れられていた（ホメロス『イリアス』5.782; 15.630; サ
ム上 17:34; 詩 17:12; 22:21; イザ 3:13; エレ 5:6; 50:44; ダニ 6:25; ホセ
5:14; I クレ 35:11）。旧約聖書ではアッシリアやバビロニアのような諸国
を襲い征服するオリエントの帝国がライオンに譬えられることがある（エ

424　A. Crislip, "Lion and Human in Gospel of Thomas Logion 7," *JBL* 126
(2007): 597–98; Plisch, *Thomasevangelium*, 32–54 を参照。

レ 50:17; ダニ 7:4; ミカ 5:8)。新約聖書では黙示録が、世の終わりの黙
示的イメージの中でローマ皇帝を口を開けたライオンに譬えている（黙
13:2)。

　本語録はライオンが人間を襲って食べるだけでなく、人間がライオンを
食べるとも主張している。古代オリエントにおいて、アッシリア王がその
絶大な権力を誇示する象徴的行為として、ライオン狩りを行っていたこと
はよく知られている[425]。イスラエルの歴史においてもサムソンやダビデの
ような英雄的人物は、ライオンと戦って殺したとされている（士 14:5–6;
サム上 17:34–45; ヘブ 11:33)。しかし、人間がライオンを食べるような
習慣は古代の文明世界にはなかった（プリニウス『博物誌』6.195 を参
照)[426]。したがって、ライオンと人間が互いに食い合うという発言は、人
間の世界における食うか食われるかの対立抗争の譬えとして語られた誇
張表現と判断できる（民 23:24; 24:8–9; 詩 7:3; 10[9]:8–9; 17[16]:12;
22[21]:22; 57[56]:5; II テモ 4:17; I ペト 5:8; 黙 17:2 を参照)[427]。ちなみ
に、プラトンは哲学的考察において、人間の本性の中の衝動的・攻撃的な
野獣的部分をライオンに譬えている（『国家』588E–589B)[428]。

　初期キリスト教文献においても、人間が野獣に譬えられることはある。
例えば、パウロはガラテヤ人たちに与えた倫理的勧告の中で、「互いにか

425　O. Borowski, "Lion," *NIDB* 3:670; British Museum, "Lion Hunting: the
　　　Sport of Kings," (https://www.britishmuseum.org/blog/lion-hunting-sport-
　　　kings) を参照。

426　Crislip, "Lion and Human," *JBL* 126 (2007): 604 を参照。

427　C. Losekam, "Der Löwe im Menschen (Löwe-Mensch-Löwe): EvThom 7,"
　　　in Zimmermann ed., *Kompendium*, 865.

428　H.W. Jackson, *The Lion becomes Man: the Gnostic leontomorphic Creator
　　　and the Platonic Tradition*, SBLDS 81 (Atlanta: Scholars, 1985), 1–12,
　　　202–203; Crislip, "Lion and Human," *JBL* 126 (2007): 599; Uro, *Thomas*,
　　　40–41; Plisch, *Thomasevangelium*, 54 を参照。

付論：トマス福音書における譬え・譬え話 | 163

み合うこと」に対して警告している（ガラ 5:15）。ナグ・ハマディ文書の一部にも、愚者は「獣のように互いに喰らい合う」と述べる記述がある（闘技者トマス 141.26–28; フィリ福 58.20）。共観福音書伝承には、弟子たちの宣教派遣に際して彼らを「狼の只中の羊」に譬えたものがある（マタ 10:16; ルカ 10:3）。この譬えは、使徒教父文書に継承されている（II クレ 5:2–4）。他方、マタイ福音書は偽預言者を狼に譬えているし（マタ 7:15; ディダケー 16:3）、ヨハネ福音書や使徒行伝は、異端的教師たちを牧場に侵入し羊の群れを食い散らす狼に譬えている（ヨハ 10:12; 使 20:29）。

　他方、ナグ・ハマディ文書では、アルコーンの本質において、創造の神サマエールがライオンに譬えられ、絶対的存在としてその力を誇示する「傲慢な獣」と呼ばれている（アルコーンの本質 §22）。また、反異端教父のヒッポリュトスによると、マニ教徒やグノーシス派のナハシュ派は、性欲を人間を襲うライオンに譬えていた（『全異端反駁』5.8.15–16）[429]。これらは、グノーシス派の一部がライオンを人間を襲う否定的な衝動のメタファーとして用いていたことを示しているが、全く異なった文脈で使用されているので本語録の直接の背景にはならないであろう。

　語録 7 には「人間（ⲣⲱⲙⲉ）」という言葉が出てきているが、次に出てくる語録 8 において、人間は特に、穫れた多くの魚の中から良い魚を選び出した賢い漁師に譬えられている（トマ福 8）。世界についての隠された真理を見出した知者が、語録 7 及び 8 で述べられている「人間」であり、ライオンに譬えられている教内外の権力者たちと食うか食われるかの思想的戦いを繰り広げているのである。トマ福 11:2–3 は、「そして、

429　C. Losekam, "Der Löwe im Menschen," in Zimmermann ed., *Kompendium*, 865; Patterson et al., *The Fifth Gospel*, 43–44; 荒井『トマス福音書』132 頁を参照。

死人たちは生きないであろう。そして、生ける者たちは死なないであろう。あなたがたが死せるものを食べる日に、あなたがたはそれを生かすであろう」と述べて、グノーシス派（「生ける者たち」）が正統派（「死人たち」）の主張（「死せるもの」）に打ち勝つことを、「食べる」と表現している（ヒッポリュトス『全異端反駁』5.8.32 も参照）。語録 7 において「人間がライオンを食べる」とはグノーシス派の知者が、思想的闘争に打ち勝つことであり、そのことは「幸いである（ⲙⲁⲕⲁⲣⲓⲟⲥ）」とされている。逆に、ライオンが人間を食べるとは権力者たちが少数派を異端者として打ち負かすことであり、「禍である（ⲟⲩⲃⲏⲧ）」とされているのである。

　トマ福 28 の「私は彼らがみな酔いしれているのを見出した。私は彼らの中に一人も渇ける者を見出さなかった。……しかし、今彼らは確かに酔いしれている。彼らが彼らの酒を振りきったときに、そのときに彼らは悔い改めるであろう」という言葉は何を意味しているのであろうか？　ギリシア・ローマ世界において祝宴に酒が供されることは常であり、飲酒は社交の一部であった。しかし、飲み過ぎて酩酊状態に陥ることは否定的に捉えられており（ホメロス『オデュッセイア』18.240; ディオニソス・ラエルティオス『哲学者列伝』7.118; リュシアス『弁論集』4.8）、新約聖書の一部にも酩酊状態が与える否定的イメージの反映が見られる（マタ 24:49; ルカ 12:45; 使 2:15; I コリ 11:21; I テサ 5:7 を参照）。新約聖書は酒の摂取を禁じることはしていないが、過度の飲酒によって酩酊状態になることについては信徒に相応しくない行為であるとして戒めている（エフェ 5:18）。同様な見解は、使徒教父文書も示している（ヘルマス「戒め」6:2; 8:3; 12:2;「譬え」6:5）。

　それに対して、トマ福 28 は酒に酔っていることを字義通りの意味ではなく、真理を認識する能力を失い、判断力を喪失した精神状態のメタファーとして用いている。ここで言われている酩酊状態は、真理の福音 22:16–20 やフィリポ福音書 83:30 が言う覚醒すべき「無知と迷い」の状

態に相当する[430]。この世を支配する考え方の迷妄に酔いしれる者は、自分が無知であることを知らず、真理に飢え渇くこともない。著者によれば「無知と迷い」という酒を断ち、酩酊状態を脱した者こそが悔い改めて、真理を受け入れることができるようになるのである。

　語録47:1の文言は、「一人の人が二頭の馬に乗り、二つの弓を引くことはできない」となっており、軍事的な譬えを用いた格言になっている。馬は古代世界では軍馬として用いられるのが一般的であり（王上1:5; 5:6–8; 王下7:14を参照）、乗馬は騎馬隊による戦いのイメージと結び付いていた（出15:1, 21; 王上2:74; 16:9; イザ22:6–7; 31:1; エレ17:25; 46:4, 9; 黙9:7–19; 19:11–14他）[431]。本語録は、一人の人（＝兵士）が戦場において二頭の馬に乗って、二つの弓を引くことの不可能性を述べているが、それは逆から言うと、一人の人は一つの馬に乗って一つの弓しか引くことができないということである。この「馬と弓の譬え」のすぐ後には、二人の主人に仕えることができないことを述べる語録（トマ福47:2）と新しいぶどう酒を古い革袋に入れることができないことを述べる語録（47:3–5）が続いている。トマス福音書は、この一連の語録に共通の主題として、イエスが語る真理を受け入れる者が旧来の信仰に基づいた生活に留まることの不可能性を強調し、旧来の在り方を捨てて新しい信仰を受け入れるように促している。正典福音書は解釈句を付して、神への信仰と両立しないものとして富を挙げているが（マタ6:24; ルカ16:13）、本語録には解釈句は付されておらず、二つの馬や二つの弓のイメージが何を指しているのかについては読者の解釈に委ねている。

　信仰生活を馬に乗って弓を引く騎兵の営みに譬えることは、軍事的

430　これに対して、語録13は酩酊状態をイエスが示す真理を知っていることの比喩にしており、全く異なった意味で使用している。この点については、Gärtner, *Theology*, 130–131を参照。

431　O. Borowski, "Horse," *NIDB* 2:891–893を参照。

メタファーを用いて信仰生活を表現するということである。パウロはかつてフィリピの教会の信徒たちを戦友に譬えたことがあった（フィリ 1:27–30）。それは初代教会の宣教者たちが迫害下の厳しい状況下で宣教を続けなければならなかったことから来ていた。トマス福音書を伝えるグノーシス派のグループも、外では社会との軋轢による迫害に苦しんでいる上に（トマ福 68 を参照）、内では正統派による攻撃に直面していたので、信仰生活に戦いは不可避と考え、騎乗の戦士の譬えを用いたのであろう。

2.2 トマス福音書における譬え話の特色

譬え話は共観福音書では、群衆に対して語られる場合と（例えば、マコ 4:3–7 並行）、弟子たちに対して語られる場合や（例えば、マタ 5:15; ルカ 11:33）、論敵であるユダヤ教指導者に対して語られる場合があり（例えば、マコ 12:10 並行）、それぞれ違った修辞的機能を果たしている。トマス福音書の場合はイエスが弟子たちに語った隠された言葉の一部が譬え話であり、専ら彼らを真理に導く目的を持って語られている。

トマス福音書が伝える譬え話は、共観福音書に出てくる譬え話と比べると非常に簡潔で、語録 8, 63, 64, 65 を除けば、物語性は最小限に切り詰められている。共観福音書中の譬え話の場合は、しばしば、福音書記者によって末尾に話の教訓を表す解釈句が付されているが（例えば、マタ 18: 14 とルカ 15:7; ルカ 12:21; マタ 22:14 とルカ 14:24）、トマス福音書中の譬え話には解釈句は全く付されていない。その代わりに、話の結びではイエスが繰り返して、「聞く耳がある者は聞くがよい」と警告している（トマ福 8:2; 21:2; 24:2; 63; 65; 96）。正典福音書では、マルコがこの句を譬え話の末尾に記し（マコ 4:9, 23）、マタイはそれを踏襲しているが（マタ 11:15; 13:9, 43）、ルカは記していない。トマス福音書がこの句を多用しているのは言葉の伝承者が先回りしてその意味を解説することはせず、聞く者自身が自覚を持って言葉を聞き、自らその意味を見出すように

付論：トマス福音書における譬え・譬え話 | 167

参考 2　譬え話一覧

	トマ福	主題	並行箇所
1	8	漁師と漁	マタ 13:47–48
2	9	種播き	マコ 4:3–9; マタ 13:1–9; ルカ 8:4–8
3	20	辛子種	マコ 4:30–32; マタ 13:31–32; ルカ 13:18–19
4	21:1	子供	ルカ 13:1, 18–19
5	21:2	盗賊の襲来への備え	マタ 24:43; ルカ 12:39
6	22	小さな者たち	マコ 10:13–16; マタ 19:13–15; ルカ 18:15–17
7	32	山の上の町	マタ 5:14
8	33:2	灯火	マコ 4:21; ルカ 8:16; マタ 5:15; ルカ 11:33
9	34	盲人の手引き	マタ 15:14; ルカ 6:39
10	35	強い人の家に押し入る	マコ 3:27; マタ 12:19; ルカ 11:21–22
11	40	抜き取られる葡萄の木	マタ 15:13
12	45:2	倉から実を取り出す	マタ 5:15; ルカ 6:45
13	57	毒麦	マタ 13:24–30
14	63	愚かな金持ち	ルカ 12:16–21
15	64	盛大な晩餐	マタ 22:2–14; ルカ 14:16–24
16	65	葡萄園の収穫と悪い小作人	マコ 12:1–8; マタ 21:33–39; ルカ 20:9–15
17	96	パン種	マタ 13:33; ルカ 13:20–21
18	97	粉がこぼれた壺	アグラーファ
19	98	高官を殺そうとする刺客	アグラーファ
20	102	牛のまぐさ桶の中に寝る犬	アグラーファ
21	107	迷った羊	マタ 18:11–14; ルカ 15:4–7
22	109	畑の中の宝	マタ 13:44

促していると言えるであろう[432]。

　語録 8 において、人間が穫れた多くの魚の中から良い魚を選び出した賢い漁師に譬えられている（トマ福 8）。ここでは、共観福音書の並行箇所とは異なり（マタ 13:47–50）、神の国や天国ではなく、人間が漁獲物

432　Popkes, "Einleitung," in Zimmermann ed., *Kompendium*, 852; Plisch, *Das Thomasevagelium*, 25.

の選別をする漁師に譬えられている。人間の本質が譬えで語られること
は他のイエスの譬え話には例がないので、本文が毀損しているのではな
いかという疑いも掛けられている[433]。人間を人間の一人である漁師に譬え
ることは同義反復であり、一見不自然な印象を受けるが、主語で言われて
いる人間（ⲣⲱⲙⲉ）が、本来あるべき状態に達した真の人間に限定され
ると考えると、文章として意味をなしている。文頭の「人間」は誤記で
はなく、伝承者による意図的な使用であると判断される。世界についての
隠された真理を見出した知者が、ここで言われている人間（ⲣⲱⲙⲉ）な
のである[434]。イスラエルの伝統では、ひれや鱗を持つ魚は清く、そうでな
い魚は汚れているとされていたので（レビ 11:9–12）、漁師が漁獲物を選
別し、清い魚を残し、汚れた魚を海に戻すことは通常の作業であった（マ
タ 13:48 を参照）[435]。しかし、トマ福 8 では、祭儀的浄不浄ではなく、魚
の大きさが選別の基準であり、一番大きな魚が最上とされて残され、より
小さい他の魚はすべて海に戻されている[436]。この基準は、トマス版の迷っ
た羊の譬えにおいて羊を探し求める羊飼いの行動の動機にも一致してい
るので（トマ福 107 を参照）、決して偶然に選ばれているのではない。一
番大きい魚とは一番価値あるものである霊的真理の象徴となっているので
ある[437]。旧約聖書において、網を打つ漁はしばしば神の裁きの譬えとなり
（エレ 16:16; エゼ 32:3; ハバ 1:14–15）、マタイの並行箇所はその伝統を

433　荒井『トマス福音書』134 頁; Plisch, *Thomasevangelium*, 56–57; Gathercole, *The Gospel of Thomas*, 234 を参照。

434　E. E. Popkes, "Der wählerische Fischer: EvThom 8 (Mt 13,47–50)," in Zimmermann ed., *Kompendium*, 868 を参照。

435　Popkes, "Der wählerische Fischer," in *Kompendium*, 869.

436　J. Liebenberg, *The Language of the Kingdom and Jesus: Parable, Aphorism, and Metaphor in the Sayings Material Common to the Synoptic Tradition and the Gospel of Thomas*, BZNW 102 (Berlin: de Gruyter, 2001), 268–269.

437　Gärtner, *Theology*, 233–234.

受け継いでいる（マタ 13:47–50）。しかし、トマ福 8 はこの伝統とは断絶し、漁師の選別行為を最も価値あるものを見出す哲学的探求と捉え、真理を見出したことを賢いと宣言している[438]。適切な選別行為を賢いと呼ぶことは、すべての商品を売り払って真珠を買った賢い商人の譬え話についても見られる（トマ福 76 を参照）。

語録 9 は共観福音書が伝える「種播きの譬え話」（マコ 4:3–9; マタ 13: 1–9; ルカ 8:4–8）の簡潔な並行伝承を提示している。共観福音書伝承は譬え話に寓意的な解釈を与える拡張部分も合わせて伝えているが（マコ 4:10–20; マタ 13:10–17; ルカ 8:9–15）、トマス福音書はこの部分は伝えていない[439]。そのために、トマス福音書は共観福音書と違って、アレゴリー（寓喩）を用いないとされることが多い[440]。アレゴリーは言葉の表面とそこに込めた意味内容が異なるような間接的表現であり、一定の修辞的効果を狙って使用される（クウィンティリアヌス『弁論家の教育』 8.6.44–58）。他方、本来はアレゴリーとして語られてはいない言葉を再解釈してアレゴリーとする場合もある。テキストの解釈法としてのアレゴリーはヘレニズム期のギリシア人思想家たちが、神話的記述の合理的解釈のために編み出した手法であり、記述の字義的意味を越えて、そこには直接には書かれていない思想を読み取ることを目指している[441]。トマス福音

---

438 H. Koester, "One Jesus and Four Primitive Gospels," in J. M. Robinson/ H. Koester, *Trajectories through Early Christianity* (Philadelphia: Fortress, 1971), 176–177; Zöckler, *Jesu Lehren im Thomasevagelium*, 143.

439 トマ福 62 の前半はマコ 4:10 に一致しているので、トマ福の編集者は、奥義を譬え話のアレゴリカルな解釈から切り離し、イエスの特別な教えという意味にとっていることが分かる。

440 Koester, "One Jesus and Four Primitive Gospels," 175–176; Popkes, "Einleitung," in Zimmermann ed., *Kompendium*, 857; 荒井『トマスによる福音書』26–28 頁を参照。

441 H.-J. Klauck, *Allegorie und Allegorese in synoptischen Gleichnistexten*

書はテキストの解釈法としてのアレゴリーは用いていないが、トマス福音書の語録はイエスが語った秘密の教えであり（トマ福 1; 62）、語り方としてのアレゴリー自体は否定されていない。例えば、先に見た「人間とライオンの譬え」（トマ福 7）や「馬と弓の譬え」（47:1）は、グノーシス派の信徒たちが置かれた状況を全く異なった事物に託して語るアレゴリーとして語られていると言えるであろう。

　共観福音書が伝えるイエスの譬え話の導入句は定型的であり、「神の国は……のようなものである」（οὕτως ἐστὶν ἡ βασιλεία τοῦ θεοῦ）という句や（マコ 4:26）、あるいは、「天国は……に似ている」（ὁμοία ἐστὶν ἡ βασιλεία τῶν οὐρανῶν）という句によって構成されている（マタ 13:31, 33, 44, 47, 52; 20:1 他）[442]。これらの句は、イエスや福音書記者が譬えの本質を類似と比較に見ていると共に、イエスの譬え話の中心主題が神の国（天国）の福音であることを示している[443]。トマス福音書も同様に、「……のようである（ⲈⲤⲦⲚ̄ⲦⲰⲚ）」という比較の句を譬え話の導入句に用いることが多く（トマ福 8; 20; 21; 57; 76; 97; 98; 107; 109）、譬えの本質を正典福音書同様に比較に見ている。譬えで語られるのは、神の支配のことが多いが、「神の国」という言葉は使わず、「天国（ⲦⲘⲚ̄ⲦⲈⲢⲞ Ⲛ̄Ⲙ̄ⲠⲎⲨⲈ）」（20）や「父の国（ⲦⲘⲚ̄ⲦⲈⲢⲞ Ⲙ̄ⲠⲈⲓⲰⲦ）」（57; 76; 96; 97; 98）や「御国（ⲦⲘⲚ̄ⲦⲈⲢⲞ）」（107; 109）という表現を使う。「神

　　　(NTA13; Münster: Aschendorff, 1978), 45–61; W. Harnisch, *Die Gleichnis-erzählungen Jesu* (3. Auflage; Göttingen: Vandenhoeck & Ruprecht, 1995), 55–56.

442　Bultmann, *Die Geschichte der synoptischen Tradition*, 195; C. Münch, *Die Gleichnisse Jesu im Matthäusevangelium* (Neukirchen-Vluyn: Neukirchener Verlag, 2004), 132–155.

443　B. Gerhardsson, "If we do not cut the Parables out of their Frames," *NTS* 37 (1991): 325–326; Münch, *Die Gleichnisse Jesu*, 134–135.

付論：トマス福音書における譬え・譬え話 | 171

の国」という表現の回避は、被造世界の創造主である神を否定的に見るグノーシス的思想傾向の表れであろう[444]。トマス福音書の譬え話の中には、譬えで語られる題目に「人間（ρωмε）」や（トマ福8）、「弟子（мλθнтнс）」が（21）選ばれている。これはこの伝承を担ったグループの関心が人間論にあり、信仰者が目指す真の人間の在り方ということに焦点を当てていたためである[445]。トマス福音書は人々に対して共観福音書のように到来する神の国を前にして生き方を改めることを説くのではなく（マコ 1:14–15）、漁（＝宗教的探求）によって大きな魚（＝霊的真理）を見出すと共に（トマ福8）、裸の幼児のような無垢の存在になって救いに達する人間像を理想として説くのである（21）。

　トマス福音書に含まれる譬え話は、ほとんどが共観福音書に並行箇所があるが、正典福音書に並行箇所がないアグラーファも散見される（トマ福97; 98; 102）。アグラーファの譬え話の存在は、トマス福音書の背後にあるグノーシス派のグループが、二世紀以降になっても主の言葉として譬え話を新たに作り出す活動を続けていたことを示している。アグラーファの譬え話の主題は特殊であり（トマ福97「粉がこぼれた壺」; 98「高官を殺そうとする人」; 102「牛のまぐさ桶の中に寝る犬」）、部外者には意味が分かり難いが、伝承したグループ内では一定の了解があり、暗号文のような機能を果たしていたと思われる。

　語録97が伝えるイエスの言葉の文言は、「［父の］国は粉を満たした［壺］を担い、遠い道を、行く女のようなものである。壺の耳が壊れた。粉が彼女の後ろで道の上にこぼれ落ちた。しかし、彼女はそれを知らなかった。彼女は禍を知らなかったのである。彼女が家に着いたとき、彼女

444　荒井『トマス福音書』54 頁を参照。

445　J.-É. Ménard, *L'Évangile selon Thomas*, NHS 5 (Leiden: Brill, 1975), 89; Zöckler, *Jesu Lehren im Thomasevagelium*, 140; 荒井『トマス福音書』306–307 頁を参照。

は壺を下に置き、それが空であることを発見した」となっている。この譬え話は、「[父の]国」を小麦の粉を入れた壺を背負って遠い道を行く女性に譬えている。女性が主人公として登場しているのは、小麦をこねて生地を作り、パン種を入れて膨らませた上で焼くのは、当時の社会では女性の仕事とされていたからであろう（トマ福96を参照）。この仕事の前提として女性は小麦粉を確保しなければならなかったので（王上17:12, 16）、仕入れた粉を入れた壺を背負って長い道を歩くこととなったと想定されているが、この道行きは人生の歩みを象徴している。粉を入れる容器の壺は陶器でできていたが、耳のところが掛けていた。当時の陶器はもろく壊れやすかったので、欠け多い人間存在の譬えともなる（IIコリ4:7; 黙2:27）[446]。

　譬え話の狙いは、粉をこぼしても途中では気付かず、家に着いて始めて壺が空であることを発見した女性の不注意な行動を通して、救い（＝「父の国」）に入る可能性が与えられていたのに気付かず、すべてを失ってからそれに気付くことになる人間の愚かさを浮き彫りにして警告することである。トマス福音書は空の状態が人間存在の本質であると考えており、語録28は、「彼らは空でこの世に来、再び空でこの世から出ようとしているからである」と述べている。これらの譬えにはこの世の人生の空虚さを説く、厭世的な世界観が反映されている[447]。

　語録98の文言は、「父の国は、高官を殺そうとする人のようなものである。彼は自分の家で刀を抜き、自分の腕が強いかどうかを知るために、それを壁に突き刺した。それから、彼は高官を殺した」となっている（トマ福98）。この譬え話は、神の国（「父の国」）を、刺客の暗殺行動に譬え

446　S. Petersen, "Die Frau auf dem Weg (Vom Mehlkrug): EvThom 97," in Zimmermann ed., *Kompendium*, 918.

447　Ménard, *L'Évangile selon Thomas*, 198–199.

ている点で大変特異である。字義通りの意味は、この世の支配者を暗殺する企てを立てた者が、壁に剣を突き刺して自分が実行する力があるかどうか試した後に、実行に及んだということである。この譬え話の背景になっているのは、ユダヤ戦争の際に親ローマ派の有力者を隠し持った短剣によって暗殺したシカリ派のエピソードであろう（ヨセフス『ユダヤ戦記』2.254–255;『ユダヤ古代誌』20.164–166, 187)[448]。こうした暗殺の譬え話が作られたということは、ユダヤ戦争の時のゼーロータイの一角をなす人々による暗殺行動の歴史的記憶が、二世紀になっても人々の脳裏に鮮明に残っていたことを示している。しかし、この譬え話の伝承者は暗殺行為が反ローマ闘争の一環であったという政治史的な事柄には関心が無く、信仰者が行う霊的な戦いを念頭に置いている。この特異な譬えにおける「高官」とは、親ローマの有力者たちではなく、この世を支配する霊力を指している。この世を支配する悪の力に対して信仰者が神の武具を身に着けて戦う霊的戦いのメタファーは、正統教会が生み出したパウロ書簡や（ロマ 13:12; II コリ 10:4)、第二パウロ書簡にも（エフェ 6:13–17）見られるが、強力な敵を一撃で暗殺するような過激な行為を直接描くことはしていない。語録 98 の伝承を担った者たちは、信仰生活をこの世を支配する霊力との心の中の戦いに見て、その中心的存在にとどめを刺すことが必要であると考えて、敢えて過激な譬えを用いている。その際に自分にその力があるかどうか吟味した上で、実行に及ぶ慎重さが勧められた（ルカ 14:28–33 を参照)。絶対的に優勢な敵に対して不意打ちをかけて殺傷することは、行為者の側の強い決意と共に行為を実行する能力と訓練が必要であった。霊的戦いも勝利するためには事前の準備が大切であり、勝利する能力を蓄えてから臨むことが必要であると考えられた。

---

448 N. Förster, "Die Selbstprüfung des Mörders (Vom Attentäter): EvThom 98," in Zimmermann ed., *Kompendium*, 922.

語録 102 は、「彼らファリサイ人は禍である。なぜなら、彼らは牛のまぐさ桶の中に寝ている犬のようなものだから。なぜなら、犬は食べないし、牛にも食べさせないからである」というイエスの言葉を伝えている。この言葉の前半は、ファリサイ派に向けられた禍の宣言であり、後半はその理由を説明する譬え話である。譬えの字義通りの意味は、犬が牛小屋に入り、牛の飼い葉桶に寝そべってしまったために、元々まぐさを餌としていない犬はまぐさを食べないし、まぐさを餌としている牛も食べることができないということであるが、同様なアイロニーを含んだ言い回しはギリシア・ローマ世界の著作にも見られるので、周辺世界に流布していた譬えを転用したものであろう（ルキアノス『愚者を駁す』30 を参照）[449]。これは、まぐさに象徴される神の言葉をイスラエル人が理解することをファリサイ人が、その活動を通して妨げる結果になっているという意味の文章であり、強い皮肉が込められている。違った表現は使っているものの、この言葉が主張する趣旨は語録 39 に近い（「ファリサイ人や律法学者たちは知識の鍵を受けたが、それを隠した。彼らも入らないばかりか、入ろうとする人々をそうさせなかった」）。これはファリサイ人に仮託した正統教会の指導者たちの批判であろう[450]。正統教会の指導者たちは、使徒伝承の正統な継承者として、教会を指導する職務を帯び、教会を教える排他的地位にあるが、グノーシス派から見ると、彼らは無知であり、真理を知らないばかりでなく、信徒たちが真理を知ることを妨げているのである[451]。こ

449　Plisch, *Thomasevangelium*, 239–40; M. Meyer, *The Gospel of Thomas: The Hidden Sayings of Jesus* (San Francisco: Harper, 1992), 105–106; 荒井『トマス福音書』272 頁を参照。

450　J. Leonhardt-Balzer, "Wer vertreibt den Hund aus der Futterkrippe?: EvThom 102," in Zimmermann ed., *Kompendium*, 928, 931; Valantasis, *Thomas*, 183.

451　Leonhardt-Balzer, "Wer vertreibt den Hund aus der Futterkrippe?," in *Kompendium*, 930.

付論：トマス福音書における譬え・譬え話　｜　175

れは初代教会がユダヤ教指導者たちの批判として形成した伝承を（マタ
23:13; ルカ 11:52 を参照）、グノーシス派が正統教会の指導者の批判に転
用した例であろう。

3. まとめと展望

　本稿の考察によってトマス福音書の譬え・譬え話の特色について見出し
たことをまとめてみたい。

　第一に、トマス福音書は真理を短い言葉で言い表すことを好んでいるの
で、譬え・譬え話も非常に簡潔である。共観福音書の譬え話に見られるよ
うな、話の意味を説明して教訓を語る解釈句も付加されていない。読者は
語り手の解釈を待つことなく、譬えや譬え話を「聞く耳を持って聞き」、
理解に達する姿勢が求められている（トマ福 8:2; 21:2; 24:2; 63; 65; 96
を参照）。

　第二に、トマス福音書の譬え話には共観福音書の並行箇所が数多く存在
するが、その意味付けは異なり、全く違ったメッセージが語られることが
多い。例えば、「古い酒と新しい酒の譬え」（トマ福 47:3）は、正典福音
書ではイエスの教えに基づく生き方と伝統的なユダヤ教の教えに基づく敬
虔な生活の実践が相容れないことを語っている（マコ 2:21–22 並行）。こ
れに対して、トマス福音書には語録 47:3 は、特にユダヤ教的慣行を継承
して断食や施しを行っている正統教会の慣行が古い革袋であり、新しい酒
であるイエスの教えには適しないとされているのである。トマス福音書に
おいては、ユダヤ教的慣行の批判に仮託して、正統教会の在り方の批判が
行われることが多い。

　第三に、正典福音書に出てこないイエスの言葉（アグラーファ）に属す
る譬え（トマ福 7; 28; 47:1）や譬え話（97; 98; 102）も存在する。アグ
ラーファの譬え（トマ福）や譬え話（97「粉がこぼれた壺」; 98「高官を

殺そうとする刺客」; 102「牛のまぐさ桶の中に寝る犬」）の主題は奇抜で
あり、部外者には意味が分かり難いが、伝承したグループ内では一定の了
解があり、暗号文のような機能を果たしていたと思われる。

　第四に、アグラーファに属する譬え・譬え話には、信仰生活を戦いに
擬えるものがある（トマ福 7「人間とライオンの譬え」; 47:1「馬と弓の譬
え」）。軍事的メタファーを用いて信仰生活を表現するということは、トマ
ス福音書を伝えるグノーシス派のグループが、外では社会との軋轢による
迫害に苦しんでいる上に（トマ福 68 を参照）、内では正統派による攻撃
に直面していたので、信仰生活に戦いは不可避と考えていたことを反映し
ている。

参考文献

〈外国語文献〉

1. 一次資料

Elliger, K./W. Rudolph. *Biblia Hebraica Stuttgartensia* (Stuttgart: Deutsche Bibel-gesellschaft, 1967–77).

Fischer, J. A. *Schriften des Urchristentums* (4 Bde; Darmstadt: Wissenschaftliche Buchgesellschaft, 1964–98).

The Department of Antiquities of the Arab Republic of Egypt, *The Facsimile Edition of the Nag Hammadi Codices* (Leiden: Brill, 1972–84).

Guillaumont, A. et al., *The Gospel according to Thomas: Coptic Text established and translated* (San Francisco: Harper & Row, 1959).

Layton, B. *Nag Hammadi Codex II,2-7 together with XII,2, Brit. Lib. OR 4926 (1) and P. Oxi 1,654, 655* (Leiden: Brill, 1989).

Lindemann, A./H. Paulsen, *Die Apostolischen Väter* (Tübingen: Mohr-Siebeck, 1992).

Martinez, F. G./E. C. J. Tigchelaar (eds.), *The Dead Sea Scrolls Study Edition* (Leiden: Brill, 1997).

Meyer, M. *The Gospel of Thomas: The Hidden Sayings of Jesus* (San Francisco: Harper Collins, 1992).

Nestle, E./K. Aland. *Novum Testamentum*, 28. revidierte Aufl. (Stuttgart: Deutsche Bibelgesellschaft, 2012).

Patterson, S. J. et al., *The Fifth Gospel: The Gospel of Thomas Comes of Age. New Edition* (London: T & T Clark, 2011), 7–32.

Rahlfs, A./R. Hanhart, *Septuaginta*, editio altera, duo volumina in uno (Stuttgart: Deutsche Bibelgesellschaft, 2006).

Robinson, J. M. et al., *The Critical Edition of Q* (Minneapolis: Fortress, 2000).

2. 二次文献

2.1 注解書

Bock, D. *Mark*, NCBC (Cambridge; Cambridge University Press, 2015).

_____. *Luke* (2 vols; Grand Rapids: Baker, 1996).

Bovon, F. *Lukasevangelium*, EKK III/1–4 (Zürich: Benzinger; Neukirchen-Vluyn: Neukirchener Verlag, 1989–2009).

Bultmann, R. *Das Evangelium des Johannes* (10. Auflage; Göttingen: Vandenhoeck und Ruprecht, 1941).

Collins, A. Y. *Mark* (Minneapolis: Fortress, 2007).

Davies, W. D./D. C. Allison, *The Gospel according to Saint Matthew*, ICC (3 vols; Edinburgh: T. & T. Clark, 1988–1997).

DeConick, A. D. *The Gospel of Thomas in Translation: With a Commentary and New English Translation of the Complete Gospel* (London: T & T Clark, 2006).

Donahue, J. R. *The Gospel of Mark*, Sacra Pagina 2 (Collegeville, MN: Liturgical, 2002).

Dschulnigg, P. *Das Markusevangelium*, TKNT 2 (Stuttgart: Kohlhammer, 2007).

Fitzmyer, J. A. *The Gospel according to Luke*, AB28, 28A (2 vols; New York: Doubleday, 1979–1985).

France, R. T. *The Gospel of Mark: A Commentary on the Greek Text*, NIGTC (Grand Rapids: Eerdmans, 2002).

Garland, D. E. *Luke*, ECNT3 (Grand Rapids: Zondervan, 2011).

Gathercole, S. J. *The Gospel of Thomas: Introduction and Commentary* (Leiden/ Boston: Brill, 2014).

Gnilka, J. *Das Evangelium nach Markus*, EKK 2/1–2 (2 Teile: 3. durchgesehne Aufl.; Zürich: Benzinger; Neukirchen-Vluyn: Neukirhener, 1989).

_____. *Das Matthäusevangelium*, HTKNT 1/1–2 (Freiburg: Herder, 1986–1988).

Gundry, R. *Mark: A Commentary on his Apology for the Cross* (Grand Rapids: Eerdmans, 1993).

Hagner, D. A. *Matthew*, WBC 33A–B (2 vols; Dallas: Word, 1993–95).

Klein, H. *Das Lukasevangelium*, KEK 1/3 (Göttingen: Vandenhoeck & Ruprecht, 2006).

Klink III, E.W. *John*, ECNT (Grand Rapids: Zondervan, 2016).

Konradt, M. *Das Evangelium nach Matthäus*, NTD 1 (Göttingen: Vandenhoeck & Ruprecht, 2015).

Lührmann, D. *Das Markusevangelium*, HNT 7 (Tübingen: Mohr-Siebeck, 1987).

Luz, U. *Das Evangelium nach Matthäus*, EKK 1/1–4 (4 Teile: 5. völlig durchgesehne Aufl.; Zürich: Benzinger; Neukirchen-Vluyn: Neukirhener, 2002).

Marcus, J. *Mark: A Commentary*, AB 27–27A (2 vols; New York: Doubleday; New Haven: Yale University Press, 2000–2009).

Ménard, J.-É. *L'Évangile selon Thomas*, NHS 5 (Leiden: Brill, 1975).

Nolland, J. *Luke*, WBC 35A–C (3 vols; Dallas: Word, 1989–1993).

Osborne, G. R. *Matthew*, ZECNT 1 (Grand Rapids: Zondervan, 2010).

Pesch, R. *Das Markusevangelium*, HTKNT 7 (2 Bände; Freiburg: Herder, 1976–1977).

Plisch, U.-K. *Das Thomasevagelium mit Kommantar* (2. verbesserte Aufl.; Stuttgart: Deutsche Bibelgesellschaft, 2016).

Schnackenburg, R. *Das Johannesevangelium* (3. Aufl.; 3 Teile; Freiburg: Herder, 1979).

Schnelle, U. *Das Evangelium nach Johannes* THNT 4 (5. neu bearbeitete Aufl.; Leipzig: Evangelische Verlagsanstalt, 2016).

Schweizer, E. *Das Evangelium nach Markus*, NTD1 (17. durchgesehne Aufl.; Göttingen: Vandenhoeck & Ruprecht, 1989).

Strauss, M. L. *Mark: A Commentary*, ZECNT 2 (Grand Rapids: Zondervan, 2014).

Thyen, H. *Das Johannesevangelium*, HNT 6 (2. durchgesehne und korrigierte Auflage; Tübingen: Mohr-Siebeck, 2015).

Zumstein, J. *Das Johannesevangelium*, KEK 2 (Göttingen: Vandenhoeck & Ruprecht, 2016).

Wengst, K. *Das Johannesevangelium*, TKNT 6 (Neuausgabe in einem Band; Stuttgart: Kohlhammer, 2019).

Wolter, M. *Das Lukasevangelium*, HNT5 (Tübingen: Mohr-Siebeck, 2009).

2.2 福音書・譬え話関係

Baasland, E. *Parables and Rhetoric in the Sermon on the Mount: New Approaches to a Classical Text* (WUNT 351; Tübingen: Mohr-Siebeck, 2015).

_____. "Zum Beispiel der Beispielerzählungen: Zur Formenlehre der Gleichnisse und zur Methodik der Gleichnisauslegung," *NovT* 28 (1986):193–219.

Bailey, K. E. *Poet and Peasant* (Garand Rapids: Eerdmans, 1976).

Bauckham, R. "The Scrupulous Priest and the Good Samaritan: Jesus' Parabolic Interpretation of the Law of Moses," *NTS* 44 (1988): 457–489.

Berger, K. "Materialien zu Form und Überlieferungsgeschichte neutestamentlicher Gleichnisse," *NovT* 15 (1973):1–37.

Blomberg, C.L. *Interpreting the Parables* (2nd ed.; Downers Grove: IVP Academic, 2011).

Borgen, P. *Philo of Alexandria: An Exegete for his Time*, SNT 86 (Atlanta: Society of Biblical Literature, 1997).

_____. "Philo – An Interpreter of the Laws of Moses," in *Reading Philo: A Handbook to Philo of Alexandria* (ed. T. Seland; Grand Rapids: Eerdmans, 2014), 75–101.

Bryan, D. K. "Transformation of the Mustard Seed and Leaven in the Gospel of Luke," *NovT* 58 (2016):115–134.

Brucker, R. "Zur Verwendung von παραβολή in der Septuagint," in J. Schröter/ K. Schwarz/S. Al-Saudi eds., *Jesu Gleichnisse und Parabeln in der frühchristlichen Literatur: Methodische Konzepte, religioshistorische Kontexte, theologische Deutungen* (WUNT 456; Tübingen: Mohr-Siebeck, 2021), 31–42.

Bultmann, R. *Die Geschichte der synoptischen Tradition* (10. Auflage; Göttingen: Vandenhoeck & Ruprecht, 1995).

Cadoux, A. T. *The Parables of Jesus: their Art and Use* (London: James Clarke, 1930).

Capon, R. F. *The Parables of the Kingdom* (Grand Rapids: Eerdmans, 1985).

Carter, W./J. P. Heil. *Matthew's Parables: Audience-Oriented Perspectives* (CBQMS 30; Washington, Catholic Biblical Association of America, 1998).

Cazeaux, J. "Philon d'Alexandrie, exégète," *ANRW* II 21.1 (1984), 156–226.

Charlesworth, J. H. *Parables of Enoch: a Paradigm Shift* (London: Bloomsbury, 2013).

Charlesworth, J. H./W. P. Weaver. eds. *Earthing Christologies: from Jesus' Parables to Jesus the Parable* (Valley Forge, PA: Trinity Press International, 1995).

Crislip, A. "Lion and Human in Gospel of Thomas Logion 7," *JBL* 126 (2007): 595–613.

Crossan, J. D. *In Parables: the Challenge of the Historical Jesus* (New York: Harper & Row, 1973).

_____. *Cliffs of Fall: Paradox and Polyvalence in the Parables of Jesus* (Eugine, OR: Wipf and Stock, 2008).

Dannenmann, T. *Emotion, Narration und Ethik: Zur ethischen Relevanz antizipatorischer Emotionen in Parabeln des Matthäus-Evangeliums* (WUNT 2.498; Tübingen: Mohr-Siebeck, 2019).

Dawson, D. *Allegorical Readers and Cultural Revision in Ancient Alexandria* (Berkeley – Los Angeles: University of California Press, 1992).

Dettwiler, A. "Das Gleichnis von der selbstwachsenden Saat," in J. Frey/E. M. Jonas eds., *Gleichnisse verstehen. Ein Gespräch mit Hans Weder,* BTS 175 (Göttingen: Vandenhoeck & Ruprecht, 2018), 67–96.

Dodd, C. H. *The Parables of the Kingdom* (New York: Charles Scribner's Sons, 1936).

Donahue, J. R. *The Gospel in Parable: Metaphor, Narrative, and Theology in the Synoptic Gospels* (Minneapolis: Fortress, 1988).

Dormeyer, D. "Mut zur Selbst-Entlastung (Von der selbstsätndig wachsenden Saat): Mk 4,26–29 (EvThom 21,9)," in Zimmermann ed., *Kompendium*, 320–321.

Drury, J. *The Parables in the Gospels: History and Allegory* (New York: Crossroad, 1989).

Eggen, R.B. *Gleichnis, Allegorie, Metapher: Zur Theorie und Praxis der Gleichnisauslegung* (Tübingen: Franke, 2007).

Eissfeld, O. *Der Maschal im Alten Testament* (BZAW 24; Giessen: Töpelmann, 1913).

Erlemann, K. *Das Bild Gottes in den synoptischen Gleichnissen*, BWANT 126 (Stuttgart: Kohlhammer, 1988).

_____. *Fenster zum Himmel: Gleichnisse im Neuen Testament* (Neukirchen-Vluyn: Neukirchener Verlag, 2017).

_____. *Gleichnisse: Theorie - Auslegung - Didaktik* (Tübingen: Narr Francke Attempto, 2020).

Fiebig, P. *Altjüdische Gleichnisse und die Gleichnisse Jesu* (Tübingen: Mohr-Siebeck, 1904).

Fisher, N. F. *The Parables of Jesus: Glimpses of God's Reign* (New York: Crossroad, 1990).

Forbes, G. W. *The God of Old: the Role of the Lukan Parables in the Purpose of*

Luke's Gospel, JSNTSup 198 (Sheffield: Sheffield Academic Press, 2000).

Fuchs, E. "Die Analogie," in Wolfgang Harnisch ed., *Die neutestamentliche Gleichnisforschung im Horizont von Hermeneutik und Literaturwissenschaft* (Darmstadt: Wissenschaftliche Buchgesellschaft, 1982), 1–19.

_____. "Bemerkungen zur Gleichnisauslegung," in W. Harnisch ed., *Gleichnisse Jesu. Positionen der Auslegung von Adolf Jülicher bis zur Formgeschichte* (Darmstadt: Wissenschaftliche Buchgesellschaft, 1982), 256–261.

_____. *Hermeneutik* (Bad Cannstadt: Müllerschön, 1963).

_____. *Zum hermeneutischen Problem in der Theologie* (Tübingen: Mohr-Siebeck, 1965).

Funk, R. *Language, Hermeneutic, and Word of God* (New York: Harper & Row, 1966).

_____. *Funk on Parables: Collected Essays* (Santa Rosa, CA: Polebridge, 2006).

Gathercole, S. J. *The Composition of the Gospel of Thomas: Original Language and Influences*, SNTSMS 151 (Cambridge: Cambridge University Press, 2012).

_____. "Named Testimonia to the 'Gospel of Thomas': an Expanded Inventory and Analysis," *HTJ* 105 (2012): 53–89.

Gerhardsson, B. "If we do not cut the Parables out of their Frames," *NTS* 37 (1991): 321–335.

_____. "The Narrative Meshalim in the Synoptic Gospels: A Comparison with the Narrative Meshalim in the Old Testament," *NTS* 34 (1988): 339–363.

_____. "The Seven Parables in Matthew XIII," *NTS* 19 (1973): 16–37.

Goud, T. E./J. R. C. Cousland/J. Harrison eds. *Encountering the Parables in Contexts Old and New* (LNTS671; London: T & T Clark, 2023).

Goulder, M. D. "Characteristics of the Parables in the Several Gospels," *JTS* 19 (1968): 51–69.

Grant, R.M. *The Secret Sayings of Jesus* (Garden city, NY: Doubleday, 1960).

Harnish, W. *Die Gleichniserzählungen Jesu* (3. unveränderte Auflage; Göttingen: Vandenhoeck & Ruprecht, 1995).

_____ (ed.). *Gleichnisse Jesu. Positionen der Auslegung von Adolf Jülicher bis zur Formgeschichte* (Darmstadt: Wissenschaftliche Buchgesellschaft, 1982).

_____ (ed.). *Die neutestamentliche Gleichnisforschung im Horizont von Hermeneutik und Literaturwissenschaft* (Darmstadt: Wissenschaftliche Buchgesellschaft, 1982).

Hedrick, C. W. *Parables as Poetic Fictions: The Creative Voice of Jesus* (Peabody, MA: Hendrickson, 1994).

Heininger, B. *Metaphorik, Erzählstruktur und szenisch-dramatische Gestaltung in den Sondergutgleichnissen bei Lukas* (Münster: Aschendorff, 1991).

Herzog, W. R. *Parables as Subversive Speech: Jesus as the Pedagogue of the Oppressed* (Louisville, KT: Westminster/J. Knox, 1994).

Hultgren, A. J. *The Parables of Jesus: A Commentary* (Grand Rapids: Eerdmans, 2000).

Koester, H. *Ancient Gospels: their History and Development* (London: SCM; Philadelphia: Trinity Press International, 1990).

Jeremias, J. *Die Gleichnisse Jesu* (3. durchgesehne Auflage; Göttingen: Vandenhoeck & Ruprecht, 1954).

_____. *Rediscovering the Parables* (trans. S. H. Hooke; London: SCM, 1966).

Jones, I. H. *The Matthean Parables: A Literary and Historical Commentary* (Leiden: Brill, 1995).

Jülicher, A. *Die Gleichnisreden Jesu* (zwei Teile; 2. Auflage; Tübingen: Mohr-Siebeck, 1910).

Jüngel, E. "Das Evangelium als analoge Rede von Gott," in Wolfgang Harnisch ed., *Die neutestamentliche Gleichnisforschung im Horizont von Hermeneutik und Literaturwissenschaft* (Darmstadt: Wissenschaftliche Buchgesellschaft, 1982), 340–366.

_____. "Metaphorische Wahrheit. Erwägungen zur theologischen Relevanz der Metapher als Beitrag zur Hermeneutik einer narrativen Theologie," in P. Ricoeur/E. Jüngel, *Metapher. Hermeneutik religiöser Sprache* (München: Kaiser, 1974), 71–122.

_____. *Paulus und Jesus* (4. Aufl.; Tübingen: Mohr-Siebeck, 1972), 71–214.

_____. "Die Problematik der Gleichnisrede Jesu," in W. Harnisch ed., *Gleichnisse Jesu. Positionen der Auslegung von Adolf Jülicher bis zur Formgeschichte* (Darmstadt: Wissenschaftliche Buchgesellschaft, 1982), 281–342.

Kähler, C. *Jesu Gleichnisse als Poesie und Therapie* (WUNT 78; Tübingen: Mohr-Siebeck, 1995).

Kamesar, A. "Biblical Interpretation in Philo," in *The Cambridge Companion to Philo* (ed. A. Kamesar; Cambridge: Cambridge University Press, 2009), 65–94.

Kern, G. "Absturzgefahr (Vom Blinden als Blindenführer): Q 6,39 (Mt 15,14/Lk 6,39/EvThom 34)," in Zimmermann ed., *Kompendium*, 63–65.

Kingsbury, J. D. *The Parables of Jesus in Matthew 13: A Study in Redaction-Criticism* (Richmond, VA: J. Knox, 1969).

Kissinger, W. S. *The Parables of Jesus: A History of Interpretation and Bibliography* (Metuchen, NJ: Scarecrow, 1979).

Kjärgaard, M. S. *Metaphor and Parable: A Systematic Analysis of the Specific Structure and Cognitive Function of the Synoptic Similes and Parables qua Metaphors* (Leiden: Brill, 1986).

Klauck, H.-J. *Allegorie und Allegorese in synoptischen Gleichnistexten*, NTA13 (Münster: Aschendorff, 1978).

Kloppenborg, J. *Excavating Q: The History and Setting of the Sayings Gospel* (Minneapolis: Fortress, 2000).

Lambrecht, J. *Out of the Treasure: The Parables in the Gospel of Matthew*, LTPM10 (Louvain: Peeters, 1991).

Leutzsch, M. "Was passt und was nicht (Vom alten Mantel und vom neuen Wein): Mk 2,121f. (Mt 9,16f./Lk 5,336–39/EvThom 47,3–5)," in Zimmermann ed., *Kompendium*, 275–276.

Liebenberg, J. *The Language of the Kingdom and Jesus: Parable, Aphorism, and Metaphor in the Sayings Material common to the Synoptic Tradition and the Gospel of Thomas*, BZNW 102 (Berlin: de Gruyter, 2000).

Linnemann, E. *Gleichnisse Jesu* (Göttingen: Vandenhoeck & Ruprecht, 1961).

Lohfink, G. *Die vierzig Gleichnisse Jesu* (Freiburg im Breisgau: Herder, 2020).

MaCall, M. H. *Ancient Rhetorical Theories of Simile and Comparison* (Cambridge, MA: Harvard University Press, 1969).

McArthur, H. K./R. M. Johnson. *They also taught in Parables: Rabbinic Parables from the First Centuries of the Christian Era* (Grand Rapids: Zondervan, 1990).

Mack, B. "Philo and Exegetical Traditions in Alexandria," *ANRW* II 21.1 (1984), 227–271.

Mell, U. *Die Zeit der Gottesherrschaft: zur Allegorie und zum Gleichnis von Markus 4,1-9* (Stuttgart: Kohlhammer, 1998).

Meurer, H.-J. *Die Gleichnisse Jesu als Metaphern. Paul Ricoeurs Hermeneutik der Gleichniserzählung Jesu im Horizont des Symbols "Gottesherschaft / Reich Gottes"*, BBB111 (Bonn: PHILO, 1997).

Meier, J. P. *Probing the Authenticity of the Parables* (New Haven: Yale University Press, 2011).

Müller, P. "Gleichnisse," in L. Bormann ed., *Neues Testament: Zentrale Themen* (Neukirchen-Vluyn: Neukirchener Verlag, 2014), 49–70.

_____. "Vom misslingenden Spiel (Von den spielenden Kindern): Q 7,31–35 (Mt 11,16–19/Lk 7,31–35)," in Zimmermann ed., *Kompendium*, 100.

Münch, C. *Die Gleichnisse Jesu im Matthäusevangelium* (Neukirchen-Vluyn: Neukirchener Verlag, 2004).

Olmstead, W. G. *Matthew's Trilogy of Parables: The Nation, the Nations and the Reader in Matthew 21,28-23,14*, MSSNTS 127 (Cambridge: Cambridge University Press, 2003).

Oppong-Kumi, P. Y. *Matthean Sets of Parables*, WUNT 2.340 (Tübingen: Mohr-Siebeck, 2013).

Ostemeyer, K.-H. "Gott knetet nicht (Vom Sauerteig): Q13,20f. (Mt 13,33/Lk 13,20f./EvThom 96)," in Zimmermann ed., *Kompendium*,188.

Patterson, S. J. *The Gospel of Thomas and Christian Origins*, NHMS 84 (Leiden: Brill, 2013).

Popkes, E. E. *Das Menschenbild des Thomasevangeliums: Untersuchungen zu seiner religionsgeschichlicheen und chronologischen Einordnung*, WUNT 206 (Tübingen: Mohr-Siebeck, 2007).

_____. "Vom Lichtmenschen: EvThom 24," in Zimmermann ed., *Kompendium*, 890–891.

Poplutz, U. "Eine fruchtbare Allianz (Weinstock, Winzer und Reben): Joh 15,1–8 (vgl. Arg 61)," in Zimmermann ed., *Kompendium*, 832–833.

Popp, T. "Das Entscheidende kommt von oben (Geburt von oben): Joh 3,3–7 (Arg 53)," in Zimmermann ed., *Kompendium*, 720–721.

Rau, E. *Reden in Vollmacht: Hintergrund, Form und Anliegen der Gleichnisse Jesu* (Göttingen: Vandenhoeck & Ruprecht, 1990).

Ricoeur, P. "Biblische Hermeneutik," in Wolfgang Harnisch ed., *Die neutestamentliche Gleichnisforschung im Horizont von Hermeneutik und Literaturwissenschaft* (Darmstadt: Wissenschaftliche Buchgesellschaft, 1982), 248–339.

_____. *Interpretation Theory: Discourse and the Surplus of Meaning* (Fort Worth: The Texas Christian University Press, 1976).

_____. *La métaphore vive* (Paris: Éditions du Seuil, 1975).

_____. "Stellung und Funktion der Metapher in der biblischen Sprache," in Paul Ricoeur/Eberhard Jüngel, *Metapher. Hermeneutik religiöser Sprache* (München: Kaiser, 1974), 45–70.

Roth, D. T. *The Parables in Q* (LNTS582; London: T & T Clark, 2018).

Schellenberg, R. S. "Kingdom as Contaminant? The Role of Repertoire in the Parables of the Mustard Seed and the Leaven," *CBQ* 71 (2009): 527–543.

Schröter, J./K. Schwarz/S. Al-Saudi eds., *Jesu Gleichnisse und Parabeln in der frühchristlichen Literatur: Methodische Konzepte, religioshistorische Kontexte, theologische Deutungen*, WUNT 456 (Tübingen: Mohr-Siebeck, 2021).

Schottroff, L. *Die Gleichnisse Jesu* (Gütersloh: Gütersloher Verlagshaus, 2015).

Schramm, T/K. Löwenstein, *Unmoralische Helden: Anstößige Gleichnisse Jesu* (Göttingen: Vandenhoeck & Ruprecht, 1986).

Schüle, A. "Mashal (משל) and the Prophetic 'Parables'," in R. Zimmermann ed., *Die Hermeneutik der Gleichnisse Jesu*, WUNT 231 (Tübingen: Mohr-Siebeck, 2008), 205–216.

Schwarz, K. *Gleichnisse und Parabeln im Thomasevangelium*, BZNW 238 (Berlin: de Gruyter, 2020).

_____. "Gospel of Thomas," in J. Schröter/C. Jacobi eds., *From Thomas to Tertulian: Christian Literary Receptions of Jesus in the Second and Third Centuries CE* (*The Reception of Jesus in the first Three Centuries* vol. 2; London: T & T Clark, 2020), 265–279.

Scott, B. B. *Hear then the Parable: A Commentary on the Parables of Jesus* (Minneapolis: Fortress, 1989).

Sellew, P. "Interior Monologue as a Narrative Device in the Parables of Luke," *JBL* 111 (1992): 239–253.

Sellin, G. "Allegorie und 'Gleichnis'," in W. Harnisch ed., *Die neutestamentliche Gleichnisforschung im Horizont von Hermeneutik und Literaturwissenschaft* (Darmstadt: Wissenschaftliche Buchgesellschaft, 1982), 300–409.

_____. "Lukas als Gleichniserzähler," *ZNW* 65 (1974): 166–189.

Snodgrass, K. *Stories with Intent: A Comprehensive Guide to the Parables of Jesus* (Grand Rapids: Eerdmans, 2008).

Soskice, J. M. *Metaphor and Religious Language* (Oxford: Clarendon, 1987).

Thielike, H. *Die Gleichnisse Jesu: das Bildbuch Gottes* (Gütersloh: Gütersloher Verlagshaus, 2008).

Thoma, C./S. Lauer/H. Ernst. *Die Gleichnisse der Rabinen* (4 vols; Bern: Lang, 1986–2000).

Thurén, L. *Parables Unplugged: Reading the Lukan Parables in their Rhetorical Context* (Minneapolis: Fortress, 2014).

Tolbert, M. A. *Perspectives on the Parables: An Approach to Multiple Interpretations* (Philadelphia: Fortress, 1979).

Tucker, J. T. *Example Stories: Perspectives on Four Parables in the Gospel of Luke*, JSNTSup 162 (Sheffield: Sheffield Academic Press, 1998).

Uro, R. *Thomas: Seeking the Historical Context of the Gospel of Thomas* (T & T Clark: London – New York, 2003).

Van Eck, E. *The Parables of Jesus the Galilean: Stories of a Social Prophet* (Eugine, OR: Cascade, 2016).

_____. "Realism and Method: The Parables of Jesus," *Neot* 51 (2017): 163–184.

Via, D. O. *The Parables: their Literary and Existential Dimension* (Philadelphia: Fortress, 1967).

Von Gemünden, P. *Vegetationsmetaphorik im Neuen Testament und seiner Umwelt* (Freiburg: Universitätsverlag/Göttingen: Vandenhoeck & Ruprecht, 1993).

Walck, L. W. *The Son of Man in the Parables of Enoch and in Matthew* (London: T & T Clark, 2011).

Weder, H. *Gegenwart und Gottesherrschaft*, BTS20 (Neukirchen-Vluyn: Neukirchener Verlag, 1993).

_____. *Die Gleichnisse Jesu als Metaphern*, FRLANT 120 (Göttingen: Vandenhoeck & Ruprecht, 1978).

Westermann, C. *Vergleiche und Gleichnisse im Alten und Neuen Tetament* (Stuttgart: Calver, 1984).

Zimmermann, R. ed. *Die Hermeneutik der Gleichnisse Jesu*, WUNT 231 (Tübingen: Mohr-Siebeck, 2008).

_____. *Christologie der Bilder im Johannesevangelium. Die Christopoetik des vierten Evangeliums unter besonderer Berücksichtung von Joh 10*, WUNT 171 (Tübingen: Mohr-Siebeck, 2004).

_____. _Kompendium der Gleichnisse Jesu_ (2. korrigierte und um Literatur ergänzte Auflage; Gütersloh: Gütersloher Verlagshaus, 2015).

_____. "Das Leben aus dem Tod (Vom sterbenden Weizenkorn): Joh 12,24," in Zimmermann ed., _Kompendium_, 805–807, 811.

_____. _Parabeln in der Bibel. Die Sinnwelten der Gleichnisse Jesu entdecken_ (Gütersloh: Gütersloher Verlaghaus, 2023).

_____. _Puzzling the Parables of Jesus. Methods and Interpretation_ (Minneapolis: Fortress, 2015).

Zöckler, T. _Jesu Lehren im Thomasevagelium_ (Leiden: Brill, 1999).

Zymner, R. _Uneigentlichkeit. Studien zur Semantik nnd Geschichte der Parabel_ (Paderborn: Schöningh, 1991).

2.3 修辞学関係文献

Bitzer, L. "Rhetorical Situation," _Philosophy and Rhetoric_ 1 (1968), 1–14.

Burgess, T. C. _Epideictic Literature_ (Chicago: The University of Chicago Press, 1902).

Estes, D. _Questions and Rhetoric in the Greek New Testament_ (Grand Rapids: Zondervan, 2017).

Kennedy, G. A. _New Testament through Rhetorical Criticism_ (Chapel Hill and London: The University of North Carolina Press, 1984).

_____. _A New History of Classical Rhetoric_ (Princeton, NJ: Princeton University Press, 1994).

Lausberg, H. _Handbuch der literarishen Rhetorik_ (4. Aufl.; Stuttgart: Franz Steiner Verlag, 2008).

Mack, B. _Patterns of Persuasion in the Gospels_ (Sonona, CA: Polebridge, 1989).

Porter, S. E. ed. _Handbook of Classical Rhetoric in the Hellenistic Period: 330 B.C.–A.D. 400_ (Chapel Hill and London: The University of North Carolina Press, 1984).

Porter, S. E./D. L. Stamps eds. _The Rhetorical Interpretation of Scripture: Essays from the 1996 Malibu Conference_, JSNTSup 180 (Sheffield: Sheffield Academic Press, 1999).

Schiappa, E. _The Beginnings of Rhetorical Theory in Classical Greece_ (New Haven and London: Yale University Press, 1999).

Wilder, A. _The Language of the Gospel: Early Christian Rhetoric_ (New York:

Harper & Row, 1964).

Witherington III, B. *New Testament Rhetoric: An Introductory Guide to the Art of Persuasion in and of the New Testament* (Oregon: Cascade, 2009).

Zimmermann, R. "Form und Funktion der Frageparabeln des erinnerten Jesus," in J. Schröter/K. Schwarz/S. Al-Saudi eds., *Jesu Gleichnisse und Parabeln in der frühchristlichen Literatur: Methodische Konzepte, religioshistorische Kontexte, theologische Deutungen*, WUNT 456 (Tübingen: Mohr-Siebeck, 2021), 99–117.

_____. "Jesus' Parables and Ancient Rhetoric: The Contribution of Aristotle and Quintilian to the Form Criticism of the Parables," in R. Zimmermann ed., *Die Hermeneutik der Gleichnisse Jesu* (WUNT 231; Tübingen: Mohr-Siebeck, 2008), 238–258.

〈日本語文献〉

荒井献『イエス・キリスト（下）』講談社学術文庫 1468、2001 年、102–175 頁。

_____.「イエスの諸像と原像―いなくなった羊の譬えの伝承史的・編集史的考察―」『新約聖書とグノーシス主義』岩波書店、1986 年、57–85 頁。

_____.「イエスと福音書文学―「放蕩息子の譬話」によせて―」『新約聖書とグノーシス主義』、86–110 頁。

_____.「Q 資料におけるイエスの譬えの特徴」『新約聖書とグノーシス主義』、43–56 頁（＝『荒井献著作集 第 4 巻』岩波書店、2001 年、295–307 頁）。

_____.『トマスによる福音書』講談社学術文庫 1149、1994 年。

_____.「トマス福音書」『ナグ・ハマディ文書 II 福音書』岩波書店、1998 年、18–51 頁。

上村静『宗教の倒錯 ユダヤ教・イエス・キリスト教』岩波書店、2008 年。

J・エレミアス（善野碩之助訳）『イエスの譬え』新教出版社、1969 年。

_____.（南條俊二訳）『イエスの譬えの再発見』新教出版社、2018 年。

川島重成『イエスの七つの譬え―開かれた地平―』三陸書房、2000 年。

佐竹明「共観福音書のたとえにおける二種の人間群」『新約聖書の諸問題』新教出版社、1977 年、24–54 頁。

原口尚彰「神の愛を伝える言葉：ルカによる福音書における譬えの修辞的・神学的機能」『ルーテル学院研究紀要』第 57 号、2024 年、1–21 頁。

_____.「神の国のメタファー：マルコによる福音書における譬えの文学的・神学的機能」『ルーテル学院研究紀要』第 56 号、2023 年、1–14 頁。

_____.『幸いなるかな　初期キリスト教のマカリズム（幸いの宣言）』新教出版社、2011 年。

_____.「真理を伝える言葉：マタイによる福音書における譬えの文学的・神学的機能」『フェリス女学院大学キリスト教研究所紀要』第 7 号、2023 年、89–103 頁。

_____.「メタファーとしての譬え：ヨハネによる福音書における譬え (Bild) と譬え話 (Gleichnis) についての釈義的・神学的考察」『聖書と神学』第 33 号、2022 年、17–35 頁。

_____.『ロゴス・エートス・パトス　使徒言行録の演説の研究』新教出版社、2005 年。

_____.『ローマの信徒への手紙　上・下巻』新教出版社、2016–21 年。

W・ハルニッシュ（廣石望訳）『イエスのたとえ物語　隠喩的たとえ解釈の試み』日本キリスト教団出版局、1993 年。

廣石望「イエスの譬えと言語行為」『聖書学論集』第 36 号、2004 年、47–89 頁。

_____.「イエスの譬えにおける時の造形—文脈、かたり、経験—」日本新約学会編『イエスから初期キリスト教へ　新約思想とその展開』リトン、2019 年、45–68 頁。

_____.「『神の国』とイエスの譬え」『聖書学論集』第 41 号、2013 年、251–280 頁。

_____.『信仰と経験　イエスと〈神の王国〉の福音』新教出版社、2011 年。

_____.「『種』の隠喩的話法と復活」『聖書学論集』第 46 号、2014 年、591–616 頁。

_____.「『種まき』の譬えの解釈」『聖書学論集』第 34 号、2006 年、125–171 頁。

_____.「ルカ版 Q 資料（Q ルカ）におけるイエスのたとえ—伝承史的試論—」佐藤研編『聖書の思想とその展開』教文館、1991 年、69–90 頁。

N・ペリン（高橋敬基訳）『新約聖書解釈における象徴と隠喩』教文館、1981 年。

嶺重淑『NTJ 新約聖書注解　ルカ福音書』日本キリスト教団出版局、2018 年。

_____.『ルカ神学の探究』教文館、2012 年。

山口里子『イエスの譬え話 1　ガリラヤの民衆が聞いたメッセージを探る』新教出版社、2014 年。

_____.『イエスの譬え 2　いのちをかけて語り掛けたメッセージは？』新教出版社、2017 年。

山田耕太『新約聖書の修辞学』キリスト教図書出版社、2008 年。

＿＿＿＿．『フィロンと新約聖書の修辞学』新教出版社、2012 年。

＿＿＿＿．『Q 文書　訳文とテキスト・注解・修辞学的研究』教文館、2018 年。

＿＿＿＿．「Q 文書における洗礼者ヨハネに関する説教の修辞学的分析」『聖書学論
　　　集 46　聖書的宗教とその周辺』、2014 年、379–398 頁。

P・リクール（久米博訳）『生きた隠喩』岩波現代選書 91、1984 年。

＿＿＿＿．（久米博・清水誠・九重忠夫編訳）『解釈の革新』白水社、1978 年。

＿＿＿＿．（牧内勝訳）『解釈の理論』ヨルダン社、1993 年。

P・リクール／E・ユンゲル（麻生建・三浦國泰訳）『隠喩論　宗教的言語の解釈
　　　学』ヨルダン社、1987 年。

著者紹介

原口　尚彰（はらぐち たかあき）

1953 年生まれ。1977 年、東京大学法学部卒業。1982 年、
日本ルーテル神学校卒業。1991 年、シカゴルーテル神学
校博士課程修了（D.Th.）。

聖和大学人文学部助教授、東北学院大学文学部教授、フェ
リス女学院大学国際交流学部教授を経て、現在、日本ルー
テル神学校講師、日本聖書神学校講師、農村伝道神学校講
師。

著書　『パウロの宣教』（教文館 1998 年）、『聖書の世界
への招待』（キリスト新聞社 2002 年［第 2 版 2006 年］）、
『地球市民とキリスト教』（キリスト新聞社 2003 年［第 2
版 2006 年］）、『ガラテヤ人への手紙』（新教出版社 2004
年）、『新約聖書概説』（教文館 2004 年［オンデマンド版
2019 年］）、『信じることと知ること』（東北大学出版会
2005 年）、『ロゴス・エートス・パトス：使徒言行録の演
説の研究』（新教出版社 2005 年）、『新約聖書釈義入門』
（教文館 2006 年）、『新約聖書神学概説』（教文館 2009
年）、『幸いなるかな　初期キリスト教のマカリズム（幸い
の宣言）』（新教出版社 2011 年）、『ローマの信徒への手紙
上・下巻』（新教出版社 2016、2021 年）、『ディアスポラ
共同体への言葉　パウロ書簡の文献学的考察』（デザイン
エッグ社 2017 年）、『アガペーとフィリア　愛についての
聖書学的考察』（リトン 2022 年）、その他新約学関係の論
文多数。

訳書等　『新約聖書釈義辞典』第 3 巻（共訳 教文館 1995
年）、U・ルッツ『マタイの神学』（教文館 1996 年）、P・
シュトゥールマッハー『聖書神学をどう行うか？』（教文
館 1999 年）。

メタファーとしての譬え
福音書中の譬え・譬え話の聖書学的考察

発行日　2024 年 9 月 30 日

著　者　原口　尚彰

発行者　大石　昌孝

発行所　有限会社リトン
　　　　101-0061　東京都千代田区神田三崎町 2 -9-5-402
　　　　　　　　　電話 03-3238-7678

印刷所　株式会社ＴＯＰ印刷

ISBN978-4-86376-101-8　©Takaaki Haraguchi <Printed in Japan>